견딜 수 없음을 견디기

BEARING THE UNBEARABLE

Copyright ⓒ 2017 Joanne Cacciatore
All rights reserved.
Korean translation copyright ⓒ 2025 by ETRE
Korean translation rights arranged
with Wisdom Publications, Inc. through EYA Co.,Ltd

이 책의 한국어판 저작권은 EYA Co.,Ltd를 통해
Wisdom Publications, Inc.와 독점 계약한 에트르가 소유합니다.
저작권법에 의해 한국 내에서 보호를 받는 저작물이므로
무단 전재 및 복제를 금합니다.

조앤 카차토레 지음 · 이영아 옮김

견딜 수 없음을 견디기

Bearing the Unbearable

사랑 상실 애도의 감정을 가누기 위한 심리 수업

에트르

사랑하는 고인들을 기리며

슬픔의 수렁에 빠져 힘겨울 때에도
나를 믿고 곁을 내어준
모든 애도자들에게

두 발로 땅을 걷는 나의 네 아이들,
그리고 그때도, 지금도, 언제나, 영겁의 시간에
하늘을 날아오르는 샤이엔에게

이 책을 바칩니다.

상실의 슬픔은 우리 모두에게 찾아옵니다.
그 누구도 피할 수 없어요.
고인을 잊지 마세요.
사랑하는 이를 떠나보낸 이들에게 잘해주세요.
연민을 표현하세요.
치유되려면 기억해야 합니다.
기억하는 것은 우리의 의무이며
그것만이 우리를 구해줄 거예요.

일러두기
- 원서에서 강조하기 위해 이탤릭체로 표기한 부분은 고딕체로 표기했다.
- 본문의 주석은 내용의 이해를 돕기 위해 모두 옮긴이가 작성했다.

저자의 말

상실 이후의 감정을
마주한다는 것

잊으려 하면 유배만 길어질 뿐이다. 치유의 비밀은 기억하는 데 있다.

—리하르트 폰 바이츠제커(정치인)

내 심장의 가장 깊숙한 틈, 그 신성한 곳에 그 아이의 이름이 불로 지진 듯 굳게 새겨져 있다.

내 어린 딸 샤이엔을 묻은 건 어느 무더운 여름날이었다. 아이의 몸은 수의에 싸여 새틴 안감을 댄 분홍색 관 속에 있었다. 회색 정장 차림의 남자들이 그 위로 부드러운 흙을 뿌렸다. 아이를 아는 사람이 많지 않았으므로 장례식은 단출하게 치러졌다.

샤이엔의 때 이른 죽음을 슬퍼하며 작별 인사를 건네줄 친구 한 명 없었다. 샤이엔이 좋은 아이였다고 자랑해줄 교사한 명 없었다. 샤이엔의 미소가 그리울 거라고 말해줄 동네 사람 한 명 없었다. 나 혼자였다, 아니, 그렇게 느껴졌다. 아이의 갑작스러운 죽음을 받아들이지 못하는 내 가슴은 타들어갔다.

겨우 몇 시간 전 내 두 손으로 관을 덮었다. 그날 나도 함께 죽었다. 그런 육신과 감정, 실존의 상실은 이렇게밖에 설명하지 못하겠다. 내가 청한 것이 아니었다. 내가 원한 것이 아니었다. 모든 것이 원망스러웠다.

이런 비극이 벌어졌는데 어떻게 세상이 계속 돌아갈 수 있느냐고 따졌던 기억이 난다. 묘지를 지나치며 달리는 차들에 대고 비명을 지르고 싶었다. 딸아이의 묘비에 그늘을 드리우는 나무들 속 새들에게 호통치고 싶었다. 풀들이 그만 자라길, 구름이 그만 흘러가길, 아이들이 묘지에 그만 묻히길 바랐다.

몇 시간이 며칠이 되고 며칠이 몇 주가 되는 사이 슬픔은 자꾸 커졌고, 내 존재 구석구석으로 파고들었다. 마치 몸이 죽어가는 느낌이었다. 어찌어찌 잠이 들었다 눈이 떠지면 또다시 그 모양이었다. 숨 쉬는 게 고통스럽고, 머리카락 끝부터 발가락 끝까지 안 아픈 데가 없었다. 늦은 밤이면 우리에 갇힌 들짐승처럼 집 안을 서성이며 아이를 찾아다녔다.

샤이엔의 몸은 떠나고 없어도 내 몸과 마음은 딸의 곁에 머물도록 바뀌어 있었다. 샤이엔에게 젖을 먹이고, 샤이엔이 울면 달래고, 샤이엔의 살갗을 어루만져야 했다. 가슴에 사무치는 그리움은 만족을 모른 채 사나워져만 갔고, 혹시 내가 미친 건 아닌지 의심스러울 때가 많았다. 내가 달라지고 있다는 걸, 극심하게 변해가고 있다는 걸 몰랐지만, 알았다고 한들 고통이 조금이라도 누그러들지는 않았을 것이다. 아이가 살아 돌아올 수만 있다면 무엇이든 서슴없이 내놓겠다는 마음은 지금도 변함없다.

사랑하는 사람이 죽으면 계속 살아가는 게 견딜 수 없이 힘들어질 수 있다. 그래도 삶은, 죽음은 우리에게 견뎌내라고 요구한다. 참을 수 없는 것을 참고, 버틸 수 없는 것을 버티라 요구한다. '견딜 수 없음을 견디는 것'이야말로 내 마음의 상태이며 내 일생의 과업이다. 힘겹고 무시무시하면서도 보람되고 무척 중요한 일이다.

이 책은 상실의 슬픔을 마주하지 않아도 되는 길로 안내하지 않을 것이다. 그래서는 안 된다. 사랑이 깊으면 슬픔도 깊은 법이다. 예사롭지 않은 슬픔은 예사롭지 않은 사랑의 표현이다. 슬픔과 사랑은 서로의 거울이다. 한쪽이 없다면 다른 쪽은 존재할 수 없다.

내가 바라는 이 책의 쓰임은 감정을 오롯이 느낄 수 있는 안전한 공간을 마련하는 것, 그리고 산산이 부서진 마음들과 함께하는 것이다. 이 책은 통절한 슬픔을 외면하지 말라고, 사랑하는 이를 떠나보낸 영혼의 어두컴컴한 밤 속에 머물라고, 아무리 힘겹고 고통스럽더라도 현재를 살라고 청하는 초대장이다.

'bereave(사별하다)'라는 말은 '빼앗다' '없애다' 혹은 '강탈당하다'라는 뜻의 고대 영어 'befearfian'에서 유래한다. 죽음의 도둑질에 당한 우리의 슬픔과 상실감은 시간을 관통하여 공명한다. 우리는 내일도, 다음 달도, 다음 해에도 애도한다. 졸업식과 결혼식에서, 누군가가 태어나고 죽을 때 애도한다. 상실의 슬픔은 무수한 입자와 무수한 순간으로 이루어졌고, 그것들 하나하나 애도의 대상이 된다. 애도 속에서 우리는 누군가 우리 곁에 없음을, 우리 마음에 절대 채워질 수 없는 빈자리가 있음을 언제나 잊지 않는다.

사랑하는 이가 죽으면 예전의 우리는 증발하고 지금까지와는 다른 낯선 존재가 된다. 우리가 원한 것도 계획한 것도 아니거니와 마땅하지도 않지만, 그렇게 되고 만다. 마음이 그러지 말라고 하건 말건, 어느새 우리는 세상으로부터 버림받은 양 땅바닥에 납작 엎드리거나 피투성이 무릎을 꿇거나 두 팔을 쭉 뻗은 채 구원을 바라게 된다.

죽음은 야만적으로 느껴지고, 얼마간은 실제로도 그렇다. 그러나 그런 죽음을 비통해한다고 해서 비난받을 이유는 없다. 아이나 부모, 배우자나 연인, 손주가 죽었다는 사실을 받아들이는 건 힘든 일이다. 그래도 상실 이후의 감정, 가장 고통스러운 지점, 고통의 크기와 결, 그 의미와 깊이를 받아들이는 법을 배울 수는 있지 않을까. 그렇게 시간이 흐르고 나면 상실의 슬픔은 두려운 불청객에서 좀더 가깝고 덜 무서운 무언가, 어쩌면 동반자로 바뀔 수도 있다.

이것만은 꼭 알아두자. 사랑하는 이를 잃으면 우리는 어쩔 수 없이 전혀 다른 사람이 되고, 그 고통은 상상을 초월한다.

심리학자 롤로 메이는 "고통 없이는 온전한 인간이 될 수 없다"고 했다. 고통스럽더라도 감정을 있는 그대로 받아들이고 그 안에 머물러야 온전한 인간이 될 수 있다. 애도를 통해 우리는 남들이 꾀하거나 독촉하거나 알려주지 못하는 내적 변화를 체험한다.

상실의 슬픔을 오롯이 받아들인다는 건, 상실의 경험으로 인해 산산이 부서짐으로써 온전한 존재가 될 수 있다는 아주 신비로운 모순을 수용한다는 의미이다. 슬픔은 우리를 텅 비우지만 우리 안에는 감정이 그득해진다. 두려움은 우리를 마비시키지만 우리는 타인에게 용기를 줄 수 있다. 우리는 사랑하는 이의 부재를 애도하고 그들이 존재하기를 기원한다. 예전의 우리는 사라지고 좀더 온전한 우리가 된다. 가장 깜깜한 밤을 알기에 사랑하는 이들의 빛으로 세상을 밝힐 수 있다.

우리는 모순된 존재들이다. 우리는 견딜 수 없는 일을 견뎌내고 있다.

✱

내 딸아이의 죽음이 이 책의 씨앗이 되었지만, 집필을 시작한 건 6주 동안 미 동부 해안을 돌며 강연을 하면서부터였다. 그 여행에서, 특히 장시간 기차를 타고 돌아오는 길에 겪은 일은 애도를 잘하는 것이 얼마나 중요하고 큰 힘을 발휘할 수 있는지 다시금 깨닫는 계기가 되었다.

순회강연의 시작점이었던 버지니아주 리치먼드에서는 애도에 중점을 둔 명상을 가르쳤다. 청강자들은 우리가 다 함께 만들어낸 공간에서 소리 없이 울었고, 나는 아잔 차 스님의 말을 떠올렸다. "흐느껴 울지 않았다면 명상은 아직 시작되지 않은 것입니다." 우리는 촛불을 켜고 떠난 이들을 추억하며 서로를 안아주었다. 누군가는 바로 몇 주 전, 누군가는 수십 년 전 사랑하는 이를 잃었다.

코네티컷주에서는 뉴타운에 있는 베이컨 가족의 집을 찾았다. 샌디 후크 초등학교에서 비극적인 총기 난사 사건이 벌어지기 전 1학년이었던 샬럿이 밟고 다녔을 바로 그 나무 바닥을 걸어보았다. 샬럿의 오빠는 살해당한 동생을 기리며 쓴 책에 사인을 해서 내게 한 권 주었다. 샬럿의 부모와 나는 샬럿이 친구들과 함께 묻힌 곳을 찾아가 그저 묵묵히 서 있었다. 입에 담지 못할 비극 앞에서 아무 말도 할 수 없었다.

뉴욕에 가서는 사람들의 마음에 겹겹이 쌓인 슬픔을 귀 기울여 들어주는 의료인들을 지도했다. 평소 남을 돕는 그들이 그 나흘 동안은 자기 영혼의 상처와 다시 연결되었다. 그들 중에는 긴 세월 동안 손때 묻고 색이 바랜 사진과 같은 슬픔을 가슴에 품고 있는 이들도 있었다. 내담자들과 마찬가지로 그들 역시 옛 상처를 되짚을 수 있는 안전한 장소가 필요했다.

그 자리에는 자식을 잃은 어머니들도 참석해 상실의 경험을 되돌아보고, 봉사를 통해 아이를 추모하는 삶을 들려주었다. 그들의 아이들, 그들이 추억하는 자녀들은 우리에게 연민을 가르쳐주는 위대한 스승이 되었다. 한 어머니는 갑작스레 아기를 잃은 후 몸이 마음대로 움직여지지 않았는데, 지금은 전 세계의 부모들을 돕고 있다고 말했다. 또 다른 여성은 자신이 무심코 저지른 행동으로 딸이 죽어 죄책감에 시달리고 있다고 했다. 지금 이 여성은 사별 상담사가 되기 위해 공부하는 중이다. 또 어떤 어머니는 어린 두 딸이 살해당한 사연을 들려주었고 지금은 살해된 아이들의 부모를 돕기 위해 애쓰고 있다고 했다.

그날 나는 사랑과 상실과 애도의 이야기를 참 많이 들었다. 이야기는 사람들 앞에서 담대하게 발표되기도 하고 회의실 뒤쪽에서 조용한 고백으로 전해지기도 했다. 시간이 지나 비교적 안전하게 이메일로 연락한 사람들도 있었다. 거기에는 수년간 단단하게 다져진 흙을 뚫고 돋아나는 새싹처럼 그들의 비통한 사연이 분출되어 있었다.

그리고 나서 기차를 타고 집으로 돌아가던 길에 나는 애도의 신비로움을 생각했다. 상실의 고통을 아는 사람들은 말 한마디 없이 서로의 눈을 바라보기만 해도 상대가 자신과 같음을 알아보고, 괴롭지만 거기서 힘을 얻기도 한다.

나는 기차에서 사람들과 가벼운 마음으로 나누기 시작한 대화가 어느새 사랑과 상실, 삶과 죽음에 관한 깊이 있고 의미 있는 토론으로 변화하는 일을 여러 번 경험했다. 눈빛이 차분하고 미소가 밝은 한 청년은 친구가 기차에 치여 죽는 모습을 무력하게 지켜보고만 있었던 경험을 들려주며, 곧 친구의 1주기라고 슬프게 말했다. 어느 젊은 엄마는 걸음마 아기를 데리고 기차 여행을 하는 어려움에 관해 나와 잠깐 이야기를 나누다가 내게 무슨 일을 하느냐고 물었다. 내가 알려주자 자기 큰오빠가 죽은 후 어머니가 완전히 딴사람이 됐다고 말했다. 오빠의 죽음을 입에 올리지 않는 것이 가족 사이에 암묵적인 규칙이 되었고, 오빠의 삶이 어땠는지, 가족이 오빠를 얼마나 사랑하는지 아무도 이야기하지 않는다고 했다.

어느 날 아침엔 세인트루이스 출신의 남자가 오트밀을 먹으며 첫 아내의 죽음에 관해 말해주었다. 그는 "혼자 견디기엔 너무 버거운" 슬픔 때문에 애도하는 시간도 거의 갖지 않고 몇 달 후 재혼했다. 그러나 여전히 슬픔은 떨쳐지지 않았다. 2년 뒤 첫아이가 태어나자 두 번째 아내와 이혼했고, 술에 빠져 유일한 자식과도 연락이 끊겼다. 이 모든 상실의 고통이 그의 주름에 아로새겨져 있었다.

데이턴 출신의 은퇴한 간호사도 만났다. 일흔아홉 살의 노부인은 기차에서 무제한으로 차를 제공하지 않는다며 불평했다. 나는 따로 챙겨온 유기농 차를 그녀에게 조금 나누어주었다. 내게 동해안에는 무슨 일로 왔느냐고 묻기에 답하자 노부인은 김이 모락모락 나는 잔을 내려다보았다. 그러고는 입을 오므렸다가 다소 불편한 기색으로 차를 한 모금 홀짝이더니 긴 한숨을 뱉었다. "저기, 나한테 딸이 하나 있었다오. 살아 있으면 당신 또래일 텐데." 노부인은 또 한숨짓고는 차창 밖 풍경이 산맥에서 그라피티가 그려진 다리들로, 드문드문한 목화밭들로 바뀌는 동안 두 시간이 넘도록 딸의 이야기를 들려주었다. 1974년에 딸이 죽은 후로 그 사연을 누구에게도 낱낱이 털어놓은 적이 없다고 했다. 이야기를 마치며 노부인은 말했다. "살아 있었다면 아주 멋진 여성이 됐을 텐데, 당신처럼." 우리는 눈물을 글썽였다.

나는 그 여행이 사랑과 애도를 통과하는 수많은 여정의 상징처럼 느껴졌다. 차창 밖을 내다보면 새로 페인트칠한 학교와 번창하는 농장 옆에 나란히 놓인 버려진 놀이터와 낡아빠진 헛간이 보였다. 바짝 마른 강바닥과 푸르게 우거진 강기슭이 보였다. 죽어가는 연못과 푸릇푸릇한 개울이 보였다. 기차는 때로는 덜컹덜컹 심하게 흔들렸고, 때로는 평온하고 매끄럽게 달렸다.

애도의 과정처럼 기차도 자체 리듬에 따라 속도가 달라졌고, 날씨나 관리 정도, 지형에 따라 상태가 변했다. 몇 킬로미터를 천천히 기어가듯 달릴 때면, 전원 도시의 곡물 저장고나 코만치 국립 초원의 영양 떼에 집중할 수 있었다. 그러다 속도가 빨라지면 아무리 우람한 나무라도 색채가 한데 뒤섞이면서 흐릿해지고 형체를 분간할 수 없었다.

기차선로에는 스위치 하나만 움직여 방향을 바꿀 수 있는 곳들이 있었다. 이와 마찬가지로 상실의 슬픔을 통과할 때도 부정 또는 사랑, 애도 또는 회피로 방향을 정할 수 있다. 터널로 들어가면 온 세상이 캄캄할 뿐 빛이라곤 보이지 않는다. 터널 속에서 눈이 적응할 시간이 필요하고, 적응하고 나서야 어둠 속에 뭐가 있는지 분간할 수 있다. 휴대전화가 터지기도, 터지지 않기도 한다. 바깥 세계와 연결되기도, 완전히 단절되기도 한다. 상실을 겪은 후에도 그렇다. 애도의 과정과 다르지 않다.

저자의 말

창밖을 계속 바라보다 보니 집들의 앞뜰과 뒤뜰이 어찌나 다른지, 그 차이가 눈에 띄기 시작했다. 앞뜰에는 깔끔하게 손질된 잔디밭, 시원스레 다듬어진 덤불, 새것처럼 깨끗한 자동차, 잘 닦인 붉은색 자전거가 보였다. 뒤뜰은 더 이상 필요 없고 쓸모없는 잡동사니들의 묘지 같았다. 주인에게 버림받았거나 부서졌거나 하자가 생겼거나 잊힌 물건들이 나와 있었다. 이런 물건들은 한동안 사람들 눈에 띄지 않는 채 아무런 목적 없이 방치되고 가끔은 가리개에 뒤덮이기도 하지만, 여전히 그곳에 있다.

많은 이들에게 상실의 슬픔은 '잡동사니'로 전락하여 뒤뜰로 추방된 폐물처럼 느껴진다. 그것은 접근하기 어렵고 보잘것없으며 더 이상 영향력을 발휘하지 못한다. 우리는 뒤뜰에 버려진 폐물을 원치 않는다. 잊고 싶어 한다. 하지만 치유의 비밀은 기억하는 데 있다.

5,000킬로미터가 넘는 거리를 140시간 동안 기차로 달린 그 여행은 상실의 슬픔을 인정하는 것을 환영하고 격려하며 신성하게 여기는 공간을 만드는 내 과업의 축소판과도 같았다. 이 책을 통해 여러분도 나와 함께 애도의 다채로운 얼굴과 공통된 마음을 목도하며 온전한 인간으로 거듭날 수 있기를 바란다.

조앤 카차토레

차례

저자의 말　9

01　애도자를 대하는 자세　23
02　공적 애도와 사적 애도　29
03　예술 창작으로 슬픔 표현하기　33
04　사별 초기의 애도 반응　38
05　슬퍼할 권리　47
06　애도 문화의 차이　51
07　빈자리　59
08　잠시 멈추고, 되새기고, 의미를 느껴라　64
09　공포 밑의 공포　69
10　사랑과 고통은 하나다　72
11　슬픔을 우회하려면 사랑도 우회해야 한다　78
12　슬픔의 강도와 대처 능력　83
13　수축과 확장　86

14	사랑과 상실의 충돌	92
15	무한하고 영원한 사랑	97
16	슬픔을 의인화하기	100
17	슬픔과 함께 잠시 멈추기	104
18	감정과 함께하는 연습	109
19	내 마음은 많은 눈물을 흘렸다네	112
20	맨발로 걷기	119
21	자기 돌봄의 중요성	122
22	자기 돌봄과 잠	125
23	자신을 돌보는 방법	130
24	필요한 것을 가족과 친구들에게 알리기	135
25	자기 돌봄이 회피 수단이 될 때	140
26	배우고, 적응하고, 직감을 믿어라	142
27	재애도	146
28	슬픔에 순응하기	148
29	우리가 산산이 부서질 때	154
30	슬픔의 지속 기간	157
31	기억할 용기	160
32	슬픔은 질병이 아니다	164
33	처리하지 못한 외상적 슬픔의 위력	168

34	오래 침묵당한 슬픔	173
35	죄책감과 수치심	178
36	공감과 연민	184
37	사랑으로 기억하라	189
38	슬픔의 파도	193
39	나를 기억해줘요	196
40	소소한 애도 의식	200
41	연민으로 삶의 의미 찾기	206
42	친절 프로젝트	208
43	고통을 앎으로써	213
44	맹렬한 연민	216
45	생명을 구하는 일	219
46	슬픔과 트라우마를 자각하지 못한 대가	226
47	대물림되는 슬픔	231
48	슬픔은 수프와 같다	236
49	어둠이 주는 선물	242
50	바로 여기, 바로 지금	247

추천의 말	252
찾아보기	256

OI

애도자를 대하는 자세

그토록 사랑스러운 이의 그토록 짧은 생에 우리는 눈물을 흘렸다.

―윌리엄 컬런 브라이언트(시인)

자식을 잃은 부모들과 함께 애도 작업을 하던 중 카일의 엄마를 만났다. 열네 살의 카일은 다른 사람을 노렸던 총에 맞아 목숨을 잃었다. 절대 붙잡히지 않을, 결코 기소되지 않을 사람에게 14년 세월을 살해당했다.
"슬퍼하고 싶지 않아요! 더 이상은 싫어요! 멈춰주세요! 죽을 것 같아요!" 캐런은 상담실 바닥에 주저앉아 울부짖었고, 나는 아무 말 없이 그 곁에 앉았다. 캐런이 하염없이 흘리는 눈물이 베이지색 리넨 바지로 뚝뚝 떨어지자, 매일 아침 출근할 때 괴로움을 감추기 위해 바르는 마스카라가 바지를 퍼렇게 물들였다. 캐런은 "세상의 전부"인 외동아들 카일을 홀로 키웠다. 아이가 죽은 날 자신의 삶과 정체성이 바뀌었다고 캐런은 말했다. 남들이 새 출발을 강요하는 느낌이 든다며, 다시 "정상적인" 일상으로 돌아가고 싶다고 했다.

캐런은 사촌이 어느 자식 없는 동료에게 캐런 역시 그렇다고 소개했던 일을 들려주었다. 그날을 기점으로 캐런은 고립된 생활을 시작했다. 그 순간부터 스스로를 엄마로 생각하지 않았다. 수면 패턴이 바뀌었고, 교회도 나가지 않았다. 친구들과 연락을 끊었고, 세상이 위험하게 느껴졌다. 카일을 키우던 집에서 나와 가까운 교외에 아파트를 구했다.

캐런은 카일이 죽고 여섯 달이 지난 후 나를 찾아와 슬픔을 "극복할" 수 있게 도와달라고, "더 나은 사람이 되게 해달라"고 했다. 캐런과 나는 우리 둘 모두에게 익숙한 절박한 긴장감 속에서 대화를 주고받았다. 캐런은 죽어서 카일 곁으로 가는 공상에 잠기곤 했다. 정말로 죽고 싶은 건 아니었다. 그저 혼신의 힘을 다해 시간을 되돌리고 싶었을 뿐이다. 카일을 되찾고 싶었다. 카일이 돌아와야만 치유할 길 없는 그 고통이 나아질 것 같았다. 캐런의 육신과 정신과 마음, 그리고 영혼은 저항하고 있었다.

폭력적이거나 큰 화제가 됐던 죽음, 혹은 유명인의 죽음 이후에 사람들은 종종 집단 최면에 걸린다. 아무 상관도 없는 사람들이 과장된 감정과 부적절한 비통함을 공개적으로 분출한다. 반대로, 카일의 경우처럼 비극적이지만 잘 알려지지 않은 죽음은 큰 관심을 받지 못한다.

카일의 죽음에 대한 사람들의 연민과 격려는 금방 시들해졌다. 아들의 때 이른 죽음 이후 엄마로서의 역할을 부정당한 캐런은 자신의 마음을 의심하기 시작했다. 여전히 카일의 엄마라는 느낌은 있었지만, 끊임없는 사회적 메시지에 설득당해 카일의 엄마라는 위치뿐만 아니라 정당한 감정인 슬픔마저 불신하게 되었다. 아무도 캐런과 함께 카일을 추억해주지 않았다. 카일에 대해 이야기하는 사람도, 캐런에게 슬퍼해도 괜찮다고 말해주는 사람도 없었다.

반면, 코네티컷주 뉴타운에서 총에 맞아 죽은 샬럿 헬런 베이컨의 경우는 화제가 되어 사람들의 입에 오르내렸고, 많은 사람이 알지도 못하는 샬럿의 죽음에 애도를 표했다.

샌디 후크 초등학교에서 1학년생 스무 명과 직원 여섯 명이 살해당했다. 몇 달, 심지어 몇 년 후까지도 언론은 그 참혹한 사건을 되새김질했다. 보도가 끈질기게 이어지자, 아이나 다른 사랑하는 이의 죽음을 겪은 적 있는 사람들은 마치 자신들의 사생활이 까발려진 듯 무기력해지고 움츠러들었다.

나는 2014년 여름에 샬럿의 부모를 만났다. "잔꾀를 조금 부릴 줄도 알고" 활기가 넘치던 영리하고 당차며 고집 센 소녀 샬럿은 친구들과 함께 학교 화장실에 숨어 있다가 살해당했다. 그 참혹했던 날, 화장실에 있던 아이들은 한 명을 제외하고 모두 사망했다. 샬럿의 부모인 조엘과 조앤은 아주 개인적인 비극을 속속들이 파헤치고 소비하는 대중을 견뎌내는 동시에 외동딸의 비극적인 죽음과 씨름해야 했다. 분노와 고통과 좌절 속에서 조앤은 공개서한을 작성했다.

2012년 12월 14일, 한 남자가 내 딸아이를 죽이고 아이의 미래를 빼앗고 나의 미래를 빼앗았습니다. 범인은 내 딸을 급우들과 함께 학교 화장실로 몰아넣어 총을 쏘아 죽였습니다. 딸은 완전히 무방비 상태로 속절없이 당할 수밖에 없었지요. 나는 화가 납니다. 내 경험상 분노는 사람들이 제일 싫어하는 감정이죠. 사람들은 다음의 세 가지 행동 중 하나를 합니다. "긍정적으로 생각하라" "가진 것에 감사하라"며 내 태도를 바꾸려 들거나, 화제를 바꾸거나, 아예 나를 피하거나. 하나같이 나를 더욱 분노하게 합니다. 악순환인 거지요. 내가 진실을 말하면 모두가 불편해하면서 달아나버리고, 그렇다고 미소 짓고 고개를 끄덕이며 아무렇지도 않은 척 연기하면 사기꾼이 된 기분이 들어요. 어느 쪽이든 끔찍하고, 아무도 나를 이해해주지 않는 것 같아 외롭습니다.
내가 알고 싶은 건, 딸이 살해당했는데 어떻게 내가 괜찮아질 거라 생각할 수 있느냐는 겁니다. 분통이 터지고 악이라도 쓰고 싶어요. "당신들은 왜 화를 내지 않지?" 그리고 가진 것에 감사하라니, 나는 아니에요. 여러분은 실컷 그래도 상관없지만, 난 지금 전혀 그럴 기분이 아니니까요. 비극으로부터 좋은 일이 생긴다는 말도 듣기 싫습니다. 내 딸의 죽음을 통해 심오한 사실을 깨달았다느니, 무슨 다짐을 하게 됐다느니 하는 소리는 듣고 싶지 않아요. 내 딸아이는 죽어서 사람들에게 가르침을 주려고 이 땅에 태어난 게 아니에요. 샬럿은 우리가 원했기에, 우리가 사랑했기에, 그리고 사는 동안 이 세상에 베풀 것이 있었기에 태어난 아이입니다. 그 외에 다른 말은 그저 나를 달래려는 소리로만 들리고 상처가 됩니다. 사별 당사자가 아닌 사람들은 영감, 한 줄기 희망, 승리감 넘치는 결말을 찾으려 하죠. 내게 영감을 받았다는 소리는 정말이지 듣기 싫습니다. 정말로 불편합니다······ 나는 딸의 죽음을 애도하고 있습니다.

이 편지에는 타인이 애도를 인식하는 방식이 잘 드러나 있다. 이런 인식은 우리 안에 수많은 감정을 불러일으켜 애도의 여정을 더욱 험난하게 만들기도 한다. 샬럿의 죽음이 사람들에게 영감을 주거나 더 나은 세상을 만들기 위한 하늘의 뜻이라는 노골적이거나 암묵적인 가정은 조앤에게 전혀 위로가 되지 않는다. 사람들이 애도한답시고 보인 행동 때문에 샬럿의 가족은 너무 큰 대가를 치러야 했다. 원치 않은 '새로운' 삶을 앞둔 가족이 느낄 깊고도 무자비한 고통을 인지하지 못하는 것은 결코 자랑할 만한 일이 아니다.

문화 규범은 애도자들에게 상처가 되는 불가해한 이중 잣대를 조장한다. 가치 있는 것으로 간주되는 비극은 인정받고, 이런 경우 타인들이 상실을 가로채어 마치 자기 일인 양 애도한다. 오랫동안 개인의 애도는 방해받고, 심지어 조롱당하기까지 한다. 시간이 꽤 지난 뒤에도 사회는 상처받은 관계자들의 동의 없이, 상의나 배려 없이 개인의 비극을 대중의 이름으로 열렬히 추모한다. 반면에 그리 극적이지 않은 죽음,

대중의 심금을 울리지 못하는 죽음, 공론화할 가치가 없다고 간주되는 죽음은 철저히 무시당한다.

　타인이 우리의 슬픔에 의문을 품고, 사랑하는 고인과 우리의 영원한 관계를 무시하고, 우리를 저주받은 사람 취급하며 피하고, 마음의 준비가 안 된 우리를 억지로 치유하려 들면, 우리의 괴로움만 배가될 뿐이다. 슬픔에서 벗어나려면 사랑의 감정을 버리고, 우리 삶에서 사랑하는 이의 자리를 정리하라고 온 사회가 강권하는 듯하다. 그러나 그것이 불가능하다는 건 우리 마음의 지혜로 알 수 있다. 상실의 슬픔과 사랑은 실과 바늘의 관계이다.

02

공적 애도와 사적 애도

우리가 하나 되어 한 명이 눈물 흘리면, 다른 한 명이 그 짠
맛을 느낄 수 있기를.

―칼릴 지브란(시인)

2009년 12월 22일, 애리조나주 남부의 작은 마을에서 케이티와 잭은 친구를 만나러 나가며 엄마에게 인사했다. 그것이 그들의 작별 인사가 되었다. 갑작스레 불어닥친 모래 폭풍에 견인 트레일러 아홉 대와 승용차 열세 대가 충돌하며 큰 폭발을 일으켰고, 여덟 시간이 지난 후에도 길거리에서 연기가 피어올랐다. 그 끔찍한 충돌 사고로 케이티와 잭이 목숨을 잃었다. 그들의 부모인 샌디와 마크는 구제받을 길 없는 상실감에 완전히 딴사람이 되었다. 그들은 몇 달 동안 격주로 네 시간 떨어진 피닉스까지 나를 찾아왔다. 샌디

는 앉아서 그저 눈물만 흘릴 때가 많았다. 마크 역시 마찬가지였지만 자유롭게 추억을 들려주기도 했다.

샌디와 마크는 비통한 심정을 입 밖으로 표현하면서 기분이 조금 나아졌다. 샌디는 이렇게 말했다. "폭식하고 토하는 거랑 비슷해요…… 그러면 오래전부터 계속 먹고 있는 슬픔이 들어갈 자리가 생기죠."

케이티와 잭의 죽음은 대대적으로 보도되었고, 맏이가 부모로부터 소식을 전해 듣기도 전에 텔레비전에 두 동생의 이름이 공개되었다. 대중 매체는 인터뷰를 따기 위해 샌디와 마크를 끈질기게 쫓아다녔다. 사고 현장의 자극적인 이미지가 계속 방송되었다. 대중 매체가 케이티와 잭의 죽음을 무신경한 선정적 소재로 삼아 무례하게 다루자 부모의 불안감과 두려움, 고독감은 더욱 깊어졌다. 아이들이 죽고 6년이 지났지만 샌디와 마크는 아이들 방의 모든 물건을 그대로 남겨두었다. 친구들은 그게 두 사람에게 좋지 않다고 조언했다. 샌디는 방을 바꾸면 안 그래도 얼마 남지 않은 아이들의 흔적이 더 사라질 것 같다며 눈물을 글썽였다. 아이들 방에 손을 대지 않는 것은 아이들과 멀어지지 않기 위한 상징적인 수단이었는데, 친구들은 그걸 이해하지 못했다. 그들은 이 어마어마한 무게의 슬픔을 마치 자신들이 지고 있는 양 샌디와 마크의 결정을 함부로 판단하고 의심했다.

수년이 지나고 적극적으로 연민을 표하는 몇몇 사람들 덕분에 샌디와 마크는 용기를 얻었다. 아이들이 다니던 학교의 한 교사는 케이티와 잭을 기리는 뜻으로 장학금을 신설하고,

그 자금을 모으기 위해 추모 걷기 행사를 추진했다. 샌디는 꾸준히 채식을 실천했던 케이티를 따라 채식주의자가 되었고, 아이들의 지극한 동물 사랑을 이어받아 현재 샌디와 마크는 개들을 구조하는 활동을 하고 있다. 여기에 이르기까지 그들의 여정은 길고도 지난했다.

다이애나 왕세자비의 장례식이 텔레비전으로 방송되어 수백만 명이 장례 행렬을 지켜보았던 날을 기억한다. 바로 그 주에 한 여성의 전화를 받았다. 분만 중에 잃은 아기의 장례식을 녹화하고 싶어 하는 동생 때문에 걱정이라는 것이었다. 섬뜩하고 비정상적인 일이니 동생을 말려달라고 했다.
"혹시 다이애나 비의 장례식은 보셨나요?" 내가 조심스럽게 묻자 그 여성은 내 질문의 요점을 곧장 이해했다. 남의 장례식은 봤으면서 동생의 개인적인 추도를 문제 삼는 건 말이 되지 않았다. 다이애나 비의 장례식과 그레이스랜드에서 열리는 엘비스 프레슬리의 생일 파티는 거짓된 공감대 형성을 부추기는 공적 행사의 전형적인 사례들이다. 사람들은 엘비스의 저택인 그레이스랜드를 박물관처럼 여기면서, 아이들 방을 그대로 두려는 샌디와 마크의 결정을 비판한다. 정당한 애도를 문제시하면서, 개인적으로 알지도 못하는 유명인들의 죽음을 애통해하는 건 아름다운 일로 여긴다. 자세히 들여다보면 기괴하기 그지없는 일이다.
애도자들의 선택은 존중받아 마땅하다. 공동체는 애도자들에게 그들의 비극을 공개해도 될지, 한다면 어떤 방식으로

할지 정중하게 물어야 한다. 우리는 슬픔을 표현할 수 있어야 하며, 사랑하는 이를 추모하는 방식을 스스로 선택할 수 있어야 한다. 운이 좋으면 공동체로부터 아무런 조건 없는 관대함, 고립이 아닌 사생활 보호, 감사 인사가 필요 없는 위로의 음식을 선물받고, "도움이 필요하면 언제든 연락해"라는 선의의 평범한 인사를 꼭 응답해야 한다는 부담 없이 건네받을 수 있을 것이다. 좀처럼 보기 드문 공동체의 그런 자비는 대개 오래가지 않지만, 우리의 슬픔은 끈질기게 계속된다. 사람들은 분주한 생활로 금세 돌아간다. 적어도 애도 중이지 않은 사람들은 평범한 일상을 되찾는다.

그러나 두렵고 고통스러울 때 우리의 솔직한 속내를 들어줄 사람이 필요하다. 우리와 함께 몇 번이고 심연의 밑바닥까지 내려가줄 수 있는 사람이 필요하다. 쉽사리 판단하려 하지 않고, 우리의 고통을 차단하거나 피하지 않고, 믿음직하게 우리의 손을 잡아줄 사람이 필요하다. 이렇게 힘들 때는 용기를 빌리거나 싹싹 긁어모아서라도 남에게 손을 내밀어야 한다. 이런 도움이 필요하지 않게 될 날이 언제 올지는 아무도 알 수 없다.

위안과 배려를 얻을 수 있는 곳은 많다. 열린 마음으로 귀 기울여주는 사람을 예상치 못한 곳에서 만나기도 한다. 곁에 있어줄 수 있는 사람을 신중하게 찾아 도움을 청해야 한다. 이런 사람들과 함께하는 시간은 험난한 여정을 계속 나아가는 데 큰 힘이 된다.

03

예술 창작으로
슬픔 표현하기

사랑한다는 건 기쁨과 성취뿐만 아니라 비통함과 슬픔, 실망에도 마음을 여는 것이다. 그럼으로써 우리는 불가능한 줄로만 알았던 강렬한 자각을 얻는다.

—롤로 메이(심리학자)

지역, 종교, 민족에 따라 애도를 의례화하고, 애도를 이해하고, 애도 과정을 거치는 방식은 저마다 다르다. 하지만 애도는 인간이 경험하는 가장 공통된 경험이다. 애도를 모르는 문화권과 종교는 없다.

훗날 붓다가 되는 고타마 싯다르타는 어릴 적에 어머니 마야데비를 잃었다. 예수가 십자가에 못 박히자 성모 마리아는 자식 잃은 어머니가 되었다. 친구인 나사로가 죽었을 때 예수는 영생을 믿으면서도 애통해했다. 무함마드는 어린 아들 이브라힘을 잃고 손주도 잃었다. 아브라함은 아내 사라를 묻었으며,《모세 오경》에 따르면 그들의 아들 이삭은 그로부터 3년 뒤에야 아내 리브가의 품속에서 위안과 사랑을 되찾았다. 바하이교의 창시자 바하올라는 젊은 시절 아버지를 잃었다.

역사, 문화, 종교에 상관없이 누구나 상실의 슬픔을 경험한다. 유효 기간이 정해지지 않은 이 슬픔은 인간 조건의 불가피한 진실이다. 그 성격이 미궁처럼 복잡하고 불가사의하며, 그 안에 감정적이고 물리적이고 사회적이고 대인적이고 영적이며 실존적인 의미가 함축되어 있다.

이 슬픔을 표현하는 방식은 여러 요인에 영향을 받는다. 고인과 어떤 관계였는가, 고인이 어떻게 죽었는가, 사랑과 유대감이 얼마나 깊었는가, 서로 얼마나 의존하는 관계였는가, 고인의 사망 후 초기에 어떤 의례를 치렀는가, 고인을 잃었을 때 타인으로부터 어떤 대우를 받았는가, 어떤 방식으로 사망 통보를 받았는가, 그 후 타인들과 어떻게 소통했는가, 나의 세계관, 나의 영적 행로와 성향, 이전에 겪었던 상실과 트라우마, 진짜 나는 어떤 사람인가. 이 모든 것이 우리의 애도 경험에 크나큰 영향을 미치고, 그래서 사람들은 저마다 다른 애도 의식을 치른다.

경험이 없는 학생들에게 애도를 가르치기란 쉽지 않지만 불가능한 것도 아니다. 애리조나 주립대학 교수인 나는 보통 연구에 주력하지만 일 년에 강의를 네 개 정도 맡는다. 그중 외상적 죽음과 애도에 대한 강의가 가장 인기 있다. 상담사,

심리치료사, 행정가, 혹은 그저 사랑하는 한 인간으로서 인생의 어느 때에는 반드시 애도의 순간을 맞닥뜨린다는 사실을 알아서인지 경험교육학을 공부하는 학생들이 줄을 선다. 수업 내용 중에는 애도에 대한 이해를 예술 작품으로 표현하는 활동도 포함되어 있다. 테리사는 내성적이고 감수성이 풍부한 학생인데, 다음과 같은 아주 멋진 작품을 선보였다.

날것의 슬픔을 요리하는 법
테리사의 마음 주방
1인분 기준

재료
불신 수북이 1컵
작별 인사 회피 1큰술
극심한 고통 450g
잔혹한 슬픔 3컵
혼란 2작은술 ('의문 품기'로 대체 가능)
끊임없는 집착 ½컵
분노 220g ('이해받지 못하는 느낌'으로 대체 가능)
괴로운 죄책감 2작은술
당혹감 ¾컵
외로움 1리터
시기상조와 무용지물 약간

만드는 법 오븐을 1,123도로 예열한다. 작은 그릇에 불신과 작별 인사 회피를 섞어 반죽을 만든다. 극심한 고통에서 상투적인 위로를 잘라낸다. 반죽으로 고통을 감싼다. 뜨거운 주철 프라이팬에 까매질 때까지 굽는다. 옆으로 치워둔다. 큰 냄비에 눈물을 가득 채워 끓인다. 끓으면 불을 낮춘다. 잔혹한 슬픔을 냄비에 붓고 뚜껑을 덮는다. 몇 주 동안 뭉근히 끓인다. 슬픔이 마비되면 불을 끄고 냄비에서 눈물을 따라낸다. 혼란과 끊임없는 집착을 슬픔에 섞어 저은 다음 치워둔다. 나무망치로 분노를 두드려 연하게 만든다. 한입 크기로 자른다. 괴로운 죄책감, 당혹감과 함께 프라이팬에 고온으로 튀긴다. 분노가 붉어지면 불을 끈다. 베이킹 접시 바닥에 고통을 깐다. 슬픔 반죽을 올린 다음 분노와 죄책감과 수치심으로 덮는다. 맨 위에 외로움을 얹는다. 시기상조와 무용지물로 양념한다. 접시를 오븐에 넣고 외로움이 짙은 그리움으로 변할 때까지 굽는다. 평생 그대로 둔다.

비고 절대적인 두려움을 곁들이면 좋다. 사랑과 연민을 듬뿍 발라 먹으면 가장 맛있다.(보조의 도움이 필요할 수도 있다.) 평온함을 장식으로 올린다.

다른 많은 학생들도 중요한 지점을 건드렸다. 한 학생은 거의 30년 전 자신이 태어나기도 전에 죽은 언니에게 편지를 썼다. 언니가 죽었을 때 부모님의 심경이 어땠을지, 이 강의를 통해 깨달았다고 언니에게 말했다. 명절 때나 사람들이

자매가 있느냐고 물었을 때 언니를 챙기지 않아 미안하다고 사과했다. 엄마에게 편지를 쓸 때 '내 엄마'라고 했던 것까지 사과했다. 앞으로는 언니를 맏이로 인정하겠다고 약속했다. 그리고 이런 말로 편지를 마무리했다. "우리 엄마랑 언니 얘기를 하면서 언니를 기억할게."

또 다른 학생은 여덟 살 때 겪은 아버지의 자살을 조각으로 빚었다. 죽기 직전의 마지막 순간 천사의 날개에 감싸인 아버지의 형상이었다. 학생 자신은 어린 소녀의 모습으로 아버지 앞에 서서 한 손을 쭉 내밀고 있고, 아버지는 딸을 바라보고 있었다. 학생은 이 작품에 '카타르시스'라는 제목을 붙였다.

애도 교육은 우리 문화와 애도의 적대적 관계를 바꾸는 데 반드시 필요하며, 그중 예술 창작으로 감정을 표현하는 활동은 큰 도움이 된다.

04

사별 초기의 애도 반응

내 끔찍한 이야기가 말하여질 때까지 내 안의 이 심장은 불타오른다.

—새뮤얼 테일러 콜리지(시인)

한 어머니는 아들의 죽음을 알게 된 상황을 다음과 같이 묘사했다.

의사가 병실에 들어왔어요. 자정이 지났을 때였죠. 의사가 너무도 냉정하고 무심하고 차분하게 말하더군요.
"더는 손을 쓸 수 없었습니다. 아이는 사망했어요." 의사는 말을 마친 다음 병실을 나갔고, 또다시 우리 곁에는 겁먹은 표정의 병원 목사만 남았어요…… 눈물도 나지 않더군요. 이해가 안 됐어요.

아니, 말은 들었지만…… 내 몸이 내 몸 같지 않았어요. 몇 달 동안 몸과 마음이 따로 노는 느낌이었죠. 아들이 세상을 떠났다는 게 아직도 믿기지 않아요.

이런 소식은 귀로 들을 뿐 마음으로는 듣지 못한다. 상실의 깊이와 폭은 헤아릴 길 없고, 그 충격은 당장에 오롯이 전해지기보다는 시간이 지나면서 서서히 찾아든다. 정신은 치명적인 첫 충격으로부터 우리를 보호하려 들고, 일종의 감정적 마취 상태가 뒤따르면서 우리는 마치 영화 속에 있거나 슬로모션으로 움직이는 것처럼 느낀다. 소리와 형체와 움직임이 달라지고, 우리의 의식 상태는 완전히 바뀐다.

상실의 충격이 그 베일을 조금씩 걷으면서 마비가 풀리기 시작하면, 내면 깊은 곳에서 형용할 수 없는 고통이 솟구쳐 오른다. 완전히 생경하고 섬뜩하리만치 괴로운 감정들도 덩달아 찾아든다. 우리 안의 모든 것이 상실의 현실로부터 달아나려 하지만 고통은 끈질기게 존재감을 피력한다. 상실을 낱낱이 돌아보고 또 돌아보라고 우리를 죄어친다. 어떤 의미에서 애도 과정은 대상을 잃어버린 사랑의 표출이라 할 수 있다.

자식, 부모, 형제자매, 손주, 배우자를 잃은 이들이 자아감을 잃고, 고인을 끊임없이 그리워하며, 무슨 수를 써서라도 ―자아의 죽음을 감수하고라도― 고통을 피하려 드는 건 유별난 일이 아니다. 나와 함께 애도 작업을 진행하는 부모들 중 다수는 예전의 자기가 죽은 것처럼 느껴진다고 말한다.

사랑하는 이의 죽음에 죄책감과 수치심을 느끼는 사람들도 있다. 외부에서 보기에는 그럴 필요가 없어 보일 때도 말이다. 가령, 자식을 잃은 부모는 자신들보다 오래 살았어야 마땅한 아이를 묻는 것을 부자연스럽고 이치에 맞지 않는 일로 느끼며, 가슴 찢어지는 비통함에 잠겨 무기력해진다. 이런 고통스러운 감정은 크나큰 상실을 애도하는 이들에게 공통으로 찾아오는 정상적인 현상이다. 깊은 절망, 동요, 조바심, 무감각, 쾌감 상실, 예전에 중요하게 여겼던 일에 대한 무관심 등도 흔히 보고되는데, 역시나 지극히 정상적인 증상들이다.

어떤 부모가 자식을 잃고서 그 강력한 유대감을 되찾으려고 하지 않겠는가? 어떤 아이가 부모를 잃고서 세상에 버려진 듯 불안하고 두렵지 않겠는가? 배우자의 죽음 앞에 통렬한 외로움을 겪지 않는 사람이 어디 있을까? 그런 상실을 겪고 나면 인생의 의미에 의문을 품게 된다.

두려움과 불안감이 자주 찾아들고 과도한 근심에 시달린다. 사랑하는 사람이 죽은 후 우리는 자신과 타인의 죽음을, 유한성을 뼈저리게 인식하고 — '죽음 현저성'* — 이 현실과 씨름하기 시작한다. 이와 더불어 감각적 인식과 환경 감수성이 높아져 두려움에 근거한 고통이 샘솟기도 한다. 아끼는 주변 사람들에게 유독 이런 감정을 많이 느끼는데, 그들 역

....

* mortality salience. 공포 관리 이론(terror management theory)에서 주장하는 가설로, 사람이 어떤 계기로 죽음을 각성하게 되면 죽음이 억압되지 않고 또렷하게 의식으로 나타나고, 평소와 달리 훨씬 극단적인 판단을 내리게 되는 현상을 말한다.

시 죽을지 모른다는 자각과 두려움 때문이다. 우리가 잃어버린 것을 여전히 갖고 있는 사람들을 보면 부러운 마음이 들기도 한다. 또 화가 나고 분통이 터질 때도 있다.

애도 반응은 미묘한 행동으로도 극적인 행동(특히 애도 과정에서 느껴야 하는 감정을 거부할 때)으로도 나타난다. 약물 남용, 도박, 과소비, 문란한 성생활, 원만하지 못한 인간관계, 무모한 행동, 심지어 자해 행위도 흔한 징후들이다. 사별 외의 다른 문제에 오랫동안 집중하기가 (불가능까지는 아니더라도) 어려워진다. 그러니 곁에서 지지해주는 동료들이 있다면 모를까 직장에서 일하기도 그리 쉽지 않다. 반대로, 상실과 그에 따른 감정을 외면하려고 일이나 운동이나 영적 활동에 몰두하는 사람들도 있다.

애도 반응은 부재—즐거움이나 집중력 등의 상실—의 형태로 나타나기도 하고, 그 반대인 경우도 있다. 내 내담자들 중에는 사별 후 기이한 감각을 경험하는 사람들도 있었다. 다른 사람들이 보지 못하는 것을 보고, 듣지 못하는 것을 듣고, 맡지 못하는 냄새를 맡는 것이다. 나비나 의미 있는 숫자 같은 상징을 통해 사랑하는 이들로부터 '신호'를 받았다는 사람들도 있다. 꿈속에서 혹은 잠들기 직전에 무섭거나 위로가 되는 환각을 보는 경우도 꽤 많다.

인간관계가 틀어지기도 하는데, 사별을 겪은 가족 내에서는 그 갈등이 증폭될 수 있다. 애도자들은 피로감을 느끼고, 남들과 의미 있는 교류를 할 기력이 없다. 인내심과 너그러움이 줄어들기도 한다. 감정을 솔직하게 나누는 법을 배우지

사별 초기의 애도 반응

못해서, 귀 기울여 들어줄 사람을 찾지 못해서, 속내를 털어 놓기가 불안해서인지도 모른다. 많은 애도자들은 양자적 관계에 변화가 생기면서 오랜 친구를 잃는다고 ─ 그리고 가끔은 새 친구를 얻는다고 ─ 말한다.

가족 내의 아이들은 방치된 ─ 투명인간이 된 ─ 느낌을 받고, 부모는 아이들이 느끼고 있을 슬픔을 간과하기도 한다. 가족의 애도는 개인과 집단의 차원에서 진행된다. 모두가 애도하고 나름의 방식으로 슬픔을 표출하며, 각자는 다른 가족과의 관계 속에서 그 슬픔을 행위로 나타낸다. 이런 상황에서 우리 안의 공간과 우리 사이의 공간 모두 슬픔으로 가득 채워진다.

거의 물리적으로 느껴지는 슬픔의 무게는 몸에도 직접적인 영향을 미쳐 식욕, 체중, 활동력, 수면 패턴의 변화를 초래한다. 호흡 곤란이나 미각·후각 상실 같은 감각 이상이 나타나기도 한다. 특정할 수 없이 여기저기 안 아픈 데가 없다고 ─ 팔이 쑤시고, 가슴과 허리가 아프고, 기운이 없다고 ─ 사별 후 처음 나타나는 증상을 호소하는 사람들도 있다. 이 모두는 애도와 연관된 지속적이지만 정상적인 심리 스트레스의 결과일지 모른다. 그렇다 해도 애도자, 특히 자식을 잃은 부모가 때아닌 죽음을 맞는 경우도 있다. 건강 문제보다는 만성 스트레스와 자기 돌봄 부족의 여파일 거라는 연구 결과가 있긴 하지만 말이다.

이런 감정적·영적·실존적·육체적 위기에 처하는 애도자들은 애도와 그것이 야기하는 죽음 현저성에 우호적이지 않은 환경에서 무력감을 느낄 수밖에 없다. 나를 찾아오는 가족들 중 다수는 심약한 상태였던 애도 초기에 냉담한 반응을 보이는 주변 사람들로부터 숨고 싶었다고 말한다. 기운 내라고, 지난 일은 잊으라고 강요하는 암묵적이거나 명시적인 압박을 느끼는 애도자들이 많다. 사회가 그들에게 강요하는 감정과 실제 감정 사이의 불일치 때문에 자신의 마음을 의심하게 되는 경우도 숱하다. 자신과 타인의 이런 어긋남은 자연스러운—불가피하고 온당한—고통을 겪고 있는 애도자들에게 불필요하고 불합리한 고통을 덤으로 얹어줄 뿐이다.

우리가 우리의 애도를 대하는 방식과 애도 중인 우리에게 남들이 접근하는 방식은 애도 자체만큼이나 중요하다. 스페인 철학자 미겔 데 우나무노는 "인간은 어둠이 아니라 추위 때문에 죽는다"고 말했다. 나의 딸 샤이엔의 죽음을 애도하던 초기에 그 어둠은(가끔 내게는 순수한 암흑이었다) 이루 다 말할 수 없을 만큼 고통스러웠지만 내 목숨을 위협할 정도는 아니었다. 안 그래도 심약해져 있던 내게 훨씬 더 위험한 것은 타인들의 냉담함이었다. 만성적인 외로움, 죽은 아이의 존엄성을 지키기 위한 싸움, 무심한 발언들, 슬픔의 추하고 무시무시한 면모를 외면하는 주변 사람들. 이런 것들이 나를 뒤흔들었다. 어둠은 인간을 죽이지 못하지만, 추위는 그럴 수 있다.

반면, 애도는 우리 안에 있는, 우리 사이에 있는 온기와 사랑과 유대감으로 우리를 더 가까워지게 만드는 잠재력도 갖고 있다. 타인이 편견 없는 연민을 보여줄 때 우리가 느끼는 소속감은 힘겨운 애도 과정을 버텨내는 힘이 된다. 하지만 사회의 제약으로 감정을 마음껏 표현하지 못할 때, 쾌락을 숭배하는 문화가 우리의 치유 기간을 멋대로 정해놓고 슬픔이 아닌 '행복을 선택'하라고 종용할 때, 우리는 아무에게도 이해받지 못한다는 느낌이 들어 외롭고 불안해진다. 슬픈 심정을 있는 그대로 드러내면 과연 어떤 반응이 돌아올지 미심쩍고 두려워진다. 이런 감정이 들기 시작하면 인간애를 불신하며 세상으로부터 숨어들게 된다.

그러면 애도자들은 철이 없다는 둥 과거에 얽매인다는 둥 삶의 의미를 못 찾는다는 둥 온갖 힐난을 받는데, 이런 힐난은 부당하기도 하거니와 초점이 틀렸다. 사회는 애도 중인 사람들에게 정신과 마음을 쉬일 수 있는 곳을 마련해주어야 한다. 평가와 강요와 엄격한 관찰이 아닌, 인정과 연민이 그득한 곳 말이다. 오로지 그곳에서만, 그리고 마침내 준비가 되었을 때, 우리는 슬픔을 쫓아내거나 다른 것으로 대체하기보다는 슬픔과 공존하는 기쁨을 (고통 속에서) 누릴 수 있다.

캐런과 열네 살 아들 카일의 이야기로 돌아가보자. 사람들은 카일의 죽음에 대해 이야기해봤자 슬퍼지기만 할 뿐이니 그만두라고 타일렀다. 이런 해로운 조언은 대개 고통을 목격하지 않으려는 심산에서 나온다. 고통을 목격하면 도리어 자신의 고통과 두려움을 느끼게 되기 때문이다.

사람들의 이런 반응에 맞닥뜨린 후 캐런은 슬픔이라는 온당하기 그지없는 감정을 알아차리고 받아들이기가 훨씬 더 어려웠다. 그러자 캐런의 외상적 슬픔은 본래 상태보다 그 심리적 파괴력이 더욱 강해졌다. 카일의 죽음은 캐런의 삶을 근간부터 뒤흔들었다. 이전의 평범한 일상이 산산이 부서지고, 정체성이 무너지고, 인간다운 감정을(상처받고, 고통받고, 두려워하고, 사랑을 위해 슬픔을 무릅쓰는 것) 만끽하지 못했다. 슬픔을 회피하라는 남들의 지나친 강요에 캐런은 자기 의심, 외로움, 두려움에 시달리며 자신을 억누를 수밖에 없었고, 그래서 괴로우리만치 혼란스러웠다.

그러나 캐런의 슬픔을 외면하지 않고 존중하며 곁을 내어준 사람들의 지지 덕분에 캐런은 카일과 14년간 나눈 사랑이 잊거나 떨치거나 홀대할 수 있는 대상이 아님을 이해하게 되었다. 그 중심에는 모성애가 있으며, 어디에도 비할 데 없는 이 관계는 아이가 죽는다고 해서 끝나지 않는다. 캐런이 말하기를, 처음엔 슬픔을 '극복'하고 싶었지만 나와 함께 애도 작업을 진행하면서 자신이 진정으로 원하는 걸 깨달았다고 했다. 그것은 내면에서 아우성치는 감정을 오롯이 느끼는 것, 요컨대 '괴로워할 용기'를 내는 것이었다.

'고통을 겪는다'라는 말은 '고통을 바꾸거나 거기에 저항하거나 매달리지 않고 견뎌낼 능력을 갖는 것'으로도 정의할 수 있다. 캐런과의 애도 작업은 아무런 압박이나 기대 없이 오롯이 감정을 느낄 수 있는 공간을 마련하는 것으로 시작되었다. 카일을 기억하고 카일에 대한 사랑을 표현하는 공간. 이를 통해 캐런은 다시금 스스로를 믿을 수 있게 되었다.

캐런은 애도가 해롭지 않으며 그 그늘에 잡아먹히거나 무너질 일은 없으리라는 걸 알았다. 캐런은 적응하고 애도의 공간을 만들었으며, 시시각각의 슬픔을 있는 그대로 받아들였다. 견뎌낼 수 있음을, 겪어낼 수 있음을 마침내 알아차리자, 슬픔의 거친 칼날은 때가 됐을 때 저절로 무뎌졌다. 몸과 단절된 느낌이라는 캐런의 호소에 우리는 트라우마가 몸에 미치는 영향에도 주의를 기울였다. 가끔은 함께 맨발로 걸었다. 마침내 준비가 됐다고 느꼈을 때 캐런은 요가를 시작했다. 그렇게 자신의 마음과 몸을 되찾기 시작했다.

이제 캐런은 카일의 이름이 아로새겨진 마음속 장소—고귀한 성소—를 알고 있다. 필요하면 그곳을 방문할 수 있다. 얼마 동안은 그럴 때마다 '무너지겠지만' 말이다. 캐런은 비구름 아래에서 폭풍우가 휘몰아치더라도 그 위에는 여전히 태양이 빛나고 있음을 안다. 지금 자신이 지나고 있는 컴컴한 굴은 언젠가 끝이 나고 밝은 세상으로 나가게 되리라 믿고 또 믿는다. 기나긴 세월이 지나면 슬픔이 전면으로 나오지 않겠지만, 그래도 마음 뒷자리에 여전히 소리 없이 존재하리라는 것도 알고 있다.

슬픔이 자기를 봐달라고 하면 캐런은 옛 친구가 찾아온 듯 그것을 맞아 안아준다. 그리고 이제 다른 길은 원치 않는다고 말한다.

05

슬퍼할 권리

> 절망적이고 치유할 길 없는 지고의 슬픈 광경, 그 끔찍함을 온전히 담아내는 그림은 없다고 확신한다. 그런 그림을 그릴 수 있다면, 캔버스에는 텅 빈 두 팔을 내려다보는 한 여성만이 보일 것이다.
>
> — 샬럿 브론테(소설가)

딸 샤이엔이 죽은 후 처음 몇 년 동안은 내 슬픔의 존엄성을 변호하느라 많은 시간을 보냈다. 털고 일어나라는 주변의 압박에 짓눌려 무너진 적도 많았다. 내게는 잊으라는 강요처럼 느껴졌다.

1994년 11월 내 생일에 친한 친구가 전화했던 일이 기억난다. 샤이엔이 죽은 지 겨우 넉 달밖에 되지 않았을 때였고, 난 확실히 평소의 내가 아니었다. "왜 그래?" 내 목소리에 어린 고요한 절망을 들었는지 친구가 물었다. "축하하기 싫어. 축하할 수가 없어. 샤이엔이 죽었잖아." 그러자 친구는 남은 자식들이 있음에 감사하라고, 축하하며 즐기라고 훈계하기 시작했다. "슬픔에 빠져 허우적대지 말고 지난 일은 털어버리고 마음을 추슬러야지."

그 대화의 끝에 결국 나는 눈물을 쏟았다. 나중에 친구에게 보내는 편지라 상상하고 일기를 썼다.

이건 내가 걸어야 할 길이야. 내가 선택한 길은 아니지만, 정신을 똑바로 차리고 조심조심 걸어가야 해. 애도의 여정은 빨리 끝나지 않아. 내 몸속의 모든 세포가 아파. 참을성을 잃고, 산만하고, 짜증 부리고, 한 가지 일에 집중을 못할지도 몰라. 뭘 축하하고 싶은 기분도 들지 않을 거야. 툭하면 화를 내거나 모든 희망을 다 버린 듯 체념한 모습일 때도 있겠지. 눈물을 많이, 엄청 많이 흘릴 거야. 미소 짓는 일도 줄어들 테고. 이젠 미소 지으면 아프거든. 어떤 날은 뭘 하든 아파. 그냥 숨만 쉬어도.

그래도 부탁이야, 그냥 내 곁에 있어줘.

아무 말도 하지 말고.

치료하려 하지 말고.

알약이든 말이든 묘약이든 다 필요 없어.

고개 돌리지 말고 내 괴로움을 지켜봐줘.

내게 다정하게 대해줘.

조앤, 너도 내게 다정하게 대해줘.

난 영영 그 일을 '극복하지' 못할 테니, 제발 내게 그 길을 강요하지 마. 내가 미소 지으며 즐거운 하루를 보내고 있는 듯 보일 때도 내 살갗 바로 밑에는 고통이 자리하고 있어. 시도 때도 없이 가슴이 무너지는 것처럼 아프고, 이렇게 슬퍼하다가 산산조각나는 건 아닐까 싶은 생각이 들 때도 있어.

내게 이래라저래라 하지 말아줘. "이제는 털고 일어나야지" "그러면 안 돼"라는 말은 하지 마. 이 모든 게 '신의 뜻'이라고 하지 마. 뭐가 옳고 그른지 말하지 않아도 돼. 내게는 나만의 방식, 나만의 속도가 있으니까.

내 삶의 기준이 변했어. 아, 시간이 흐르면, 샤이엔의 죽음이 내게 어떤 의미인지 새로운 깨달음을 얻을 수도 있겠지. 어쩌면 언젠가 내가 아주 늙었을 때 세월이 약이라고 말할 수 있을지도 몰라. 하지만 몇 년이 지나든 매일 매시간 매분 매초 딸아이가 없다는 사실을 의식하지 않는 순간은 절대 오지 않을 거야.

부탁이야, 나를 다정하게 대해줘.

이 편지는 끝내 부치지 않았다.

너무 큰 상처를 입은 데다 겁이 나기도 해서 그 후로는 친구의 전화를 받지 않았다. 친구와의 그 통화 하나로 나와 타인들 사이의 골은 더욱 깊어졌다. 몇 년이 지나 얼어붙었던 마음이 조금 녹은 후에야 남들의 말이 나를 아프게 할 때 내 목소리를 내는 법을 배울 수 있었다.

우리가 흔들리는 모습이 불안하고 위험하고 나약하게 느

껴져서 "그만 털고 일어나" "다 하늘의 뜻이야"라고 말하는 사람들이 있다. 우리를 피하는 사람도 있고, 우리를 동정하는 사람도 있다. 하지만 이 슬픔은 우리의 것이다. 우리는 사랑과 꿋꿋한 헌신을 대가로 이 슬픔을 얻었다. 원치 않는 날에도 이 고통을 소유한다. 남에게 거저 주거나, 그 무엇에든 그 누구에게든 강탈당할 이유가 없다.

애도하고 사랑하는 동안 우리는 고개를 높이 들 수 있다. 눈물이 나더라도 산산이 부서지더라도. 우리의 것은 우리의 것이다. 마땅히 그렇다.

06

애도 문화의 차이

잔학 행위를 맞닥뜨리면 사람들은 대개 그것을 의식하지 않으려 애쓴다. 어떤 폭력 행위는…… 입 밖으로 낼 수 없을 정도로 끔찍하다. 그야말로 말할 수 없는(unspeakable) 것이다. 그러나 잔학 행위는 순순히 묻혀 있지 않는다.

―주디스 허먼(하버드 의대 정신의학 교수·트라우마 연구자)

어느 토요일 아침 일찍 전화가 왔다. 내가 가족 연락관으로 자원봉사를 하는 검시소의 수석 검시관이었다. "빨리 좀 와줘요." 방금 사망한 아기의 사인을 규명해야 하는데 가족이 부검을 거부한다는 것이었다. "아메리칸 인디언들이에요. 정말 골치가 아프네요."

내가 보기엔 고민할 필요가 없는 문제였다. "부검 안 하면 되잖아요." 하지만 검시관이 말하기를, 주의 법에 따라 돌연사는 무조건 부검을 시행해야 한다고 했다. 딱 한 가지 예외가 있다. 아메리칸 인디언 부족의 자치국─원주민 보호구역─에서 발생한 사망. 이 아이는 자치국에서 살았지만 헬리콥터에 실려 지역 병원으로 이송된 후 그곳에서 사망했다.

두 중년 부부와 한 젊은 부부가 주차장에서 나를 기다리고 있었다. 연장자 중 한 명인 헨리가(사망한 아기의 친할아버지였다) 무리를 이탈해 앞으로 나왔다. 나는 다른 가족에게 다가가거나 시선을 주지 않고 오로지 헨리에게만 내 소개를 했다. 검시소 안으로 들어가서는 물과 휴지를 건네며 그들의 대변자 역할을 하겠다고 약속했다. 이들 가족에게서는 어떤 감정도, 심지어 슬픔조차 느껴지지 않았다. 하지만 젊은 부부는 구석 의자에 앉아 기도하듯 고개를 숙인 채 서로를 부둥켜안고 있었다. 나를 쳐다보는 사람은 헨리뿐이었기에 나는 그에게만 말을 걸었다.

"정말 안됐습니다. 어떻게 된 일인지 말씀해주시겠어요?"

헨리는 18개월 된 손자 조지프가 건강하게 잘 크고 있었다고 설명했다. 그런데 갑자기 몸에 탈이 났고, 열이 오르자 아이 부모는 주술사에게 도움을 청했다. 그래도 조지프의 병세가 나아질 기미가 보이지 않아 헨리는 의료 센터에 가라고 재촉했다. 의료 센터에 도착한 직후 조지프는 발작을 일으켰고, 헬리콥터에 실려 지역 병원으로 수송된 후 몇 시간 만에 사망 선고를 받았다. 담당의가 부검을 위해 조지프의 시신을 보낸 뒤 그 사실을 알리자 가족은 항의하고 나섰다. 그들의 자치국에서 부검은 금지되어 있기 때문이다.

헨리가 이야기하는 동안 나머지 가족들은 한쪽 구석에 모여 부둥켜안고 울기 시작했다. 조지프의 부모는 몸을 부들부들 떨고 있었다. "우리 부족은 부검을 금합니다!" 헨리가 말했다. "영혼이 하늘로 올라가는 데 방해가 되니까요. 우리 풍습에 어긋난다니까요." 나는 그의 가족 편에 서겠다고 다시 한번 약속했다. 그리고 검시소의 일반 규정을 몇 분 동안 설명했다.

나는 헨리의 동의하에 사무실로 들어갔다. 토요일에는 한 명의 검시관만 일했다. 나는 조지프 가족의 사정을 전하며 그들의 문화와 풍습을 존중해야 한다고 강조했다. 이를 이해한 검시관은 대안을 제시했다. "엑스레이를 찍고 임상 검사를 하면 부검 없이도 사인을 알아낼 수 있을지 몰라요. 이건 허락해줄까요?"

대기실로 돌아가 묻자 헨리는 동의했다. 우리는 두 시간 동안 말없이 결과를 기다렸다. 가족은 헨리의 주도로 소곤소곤 기도를 올렸다. 나는 내내 그들 곁을 지켰지만, 대기실 반대편에 앉아 입을 다물고 있었다.

이윽고 대기실과 안쪽 사무실 사이의 보안창 너머에서 검시관이 나를 불렀고, 가족들은 그때 처음으로 나와 눈을 마주쳤다. 헨리가 나를 쳐다보자 나는 뒤돌아보며 말했다. "다녀올게요."

과연 검시관은 부검 없이 사인을 찾아냈다. 조지프는 감염으로 인한 장폐색에 걸렸었다. 사인은 패혈증이었다. 검시관과 나는 가족에게 알리기 위해 대기실로 갔다. 내가 헨리에게 직접 알리고, 검시관은 듣고만 있었다. 헨리는 고개를 떨구었다. 조지프의 사인을 듣자 가족은 울기 시작했다. 헨리는 어떤 감정도 내비치지 않았다. "정말 유감이에요, 헨리. 혹시 저한테 물어볼 거 없으세요?"

내 질문에 헨리는 "없습니다"라고 나직이 답했다.

"헨리, 조지프를 보시겠어요?" 내가 이렇게 묻자, 조지프의 젊은 엄마가 눈을 휘둥그레 뜨고서 고개를 드는 것이 곁눈으로 보였다. 하지만 조지프의 엄마는 아무 말도 하지 않았다.

헨리가 답했다. "아니요, 아니, 아닙니다. 안 보렵니다. 그러면 안 돼요." 대기실에 완전한 정적이 감돌았다. 헨리가 기분 상했을까 봐 나는 그들의 신앙을 잘 모른다고 해명하며 얼른 사과했다. 그리고 잠시 가족끼리만 있을 수 있도록 자리를 비켜주었다.

대기실로 돌아가자 헨리의 아내가 곧장 내게 다가와 말했다. "조지프를 보고 싶어요. 보기로 했어요." 헨리는 긍정의 뜻으로 고개를 끄덕였다. 나는 당장에 사무실로 가서 그들이 사용할 조그만 공간을 마련했다. 사무실 책상 위에 담요와 베개를 겹겹이 쌓아 죽은 아이 조지프를 위한 일종의 요람을 만들었다. 모두가 앉을 수 있도록 의자를 들여놓고 불빛을 어둑하게 낮추었다.

몇 분 후 나는 따뜻한 담요에 감싸인 조지프를 사무실로 데려갔다. 헨리는 벌떡 일어나더니 나를 똑바로 쳐다보았고, 잠깐 멈칫했다가 조지프를 내려다보고는 내 품에서 살며시 데려갔다. 헨리의 얼굴이 부드럽게 누그러졌다. 모두가 잠자코 있었다. 헨리는 조지프를 품에 안고서 그들 고유의 언어로 말하기 시작했다. 조지프의 두 발과 두 팔, 두 뺨에 입을 맞추었다. 그리고 눈물을 흘렸다. 모두가 눈물을 흘렸다. 헨리는 그날 주술사가 사용했던 성스러운 치유의 깃털을 조지프의 셔츠에 묶은 다음 아이를 아내에게 넘겼다. 두 시간이 넘도록 가족들은 차례로 조지프에게 작별 인사를 건넸다.

나는 자리를 비켜주어야겠다는 생각이 들어 헨리에게 가족끼리 있을 시간을 주겠다고 했다. 그런데 헨리가 내 팔을 붙잡더니 부탁했다. "우리와 함께 있어주세요. 이제 선생님은 남이 아니에요." 마침내 작별 인사가 끝나고 그들은 마지못해 조지프를 내 품으로 돌려보냈다.

가족은 주차장에서 나를 기다리고 있었다. 나는 앞으로 궁금하거나 필요한 것이 있으면 언제든 연락하라고 일렀다. 사정을 잘 헤아려주어 고맙다고 작별 인사를 나눈 뒤 검시소로 걸어갔다. 그때 조지프의 젊은 엄마가 주차장 저쪽에서 큰 소리로 나를 불렀다. 나는 문 앞에 멈춰 서서 고개를 돌렸다. 조지프의 엄마가 내 쪽으로 천천히 걸어오다가 뛰기 시작했다. 나머지 가족들도 따라왔다. 조지프의 엄마가 나를 부둥켜안더니 울면서 "정말 고마워요"라고 몇 번이고 말했다. 조지프의 아빠가 아내 뒤로 와서 우리 둘을 껴안고는 역시 고맙다고 말하며 울었다. 조지프의 조부모들도 한 사람씩 나를 안아주었다.

나는 이 가족에게서 아주 많은 걸 배웠다. 학생으로, 초심자로 돌아가 나의 믿음을 내려놓고 타인을 돕는 법을 배웠다. 인내에 대해, 침묵의 위력에 대해 배웠다. 나는 스승인 조지프에게 감사하는 마음으로 고개를 숙였다.

이 책에 담긴 수많은 죽음이 그러하듯 조지프의 죽음은 그를 사랑하는 유가족에게 트라우마가 되었다. 그러나 조지프의 가족은 타인들의 연민과 사랑 덕분에 트라우마의 상처를 조금이나마 덜 수 있었다. 나 역시도 그랬다. 트라우마를 남기는 죽음의 경우, 죽음을 통고받는 방식, 슬픔을 부정하는 어설픈 심리치료, 트라우마의 배경과 여파를 고려하지 않는 법적 절차와 의료계·종교계·공동체의 무신경한 행동이 더욱 심각한 결과를 초래할 수 있다. 조지프의 죽음은 부모에게 트라우마가 되었고, 내가 그 사실을 바꿀 수는 없다. 그러나 두려워하며 슬픔을 회피하는 사람들과, 외상적 슬픔의 실체와 여파를 마주하거나 이해하지 못하는 관료 체제로 인해 가중되는 고통을 덜어줄 수는 있었다.

외상적 죽음은 외상적 슬픔을 유발한다. 외상적 죽음에는 예기치 않은 갑작스러운 죽음, 폭력적이거나 시신이 훼손된 죽음, 오랜 고통 끝의 죽음, 자살, 살인, 나이와 원인을 불문한 아이의 죽음 등이 포함된다. 사랑하는 사람이 그런 죽음을 맞으면 우리는 뿌리째 뽑힌 나무처럼 겁에 질리고, 큰 불안에 휩싸이며, 세상에 대한 믿음이 심각하게 흔들리는 느낌을 받는다. 그리고 실제로 심각하게 흔들린다.

트라우마는 사람의 정신과 생리 작용에 영향을 미친다. 과다 호흡 및 맥박 증가, 동공 확장, 인지 장애 및 기억력 저하,

과다 각성, 침습적 사고 및 이미지, 몸과 분리되거나 인격을 잃어버린 듯한 느낌, 시간 감각의 변화, 감정 둔화, 경험 회피 등의 증상이 발현된다. 마지막 징후―무언가를 회피하거나 느끼지 않으려는 시도―는 외상적 슬픔으로 초래되는 가장 심각한 부적응 반응 중 하나이다.

애도자는 감정을 회피하려 끊임없이 딴 곳으로 눈을 돌린다. 약물, 알코올, 텔레비전, 음식, 운동, 섹스, 도박, 쇼핑, 타인과의 갈등, 심지어 영적 수련까지 고통을 회피하기 위한 무의식적 수단이 될 수 있다. 인간은 창의력을 발휘해 온갖 방법으로 한눈을 판다. 무엇이든 이용해 감정으로부터 달아난다. 적절한 도움과 심신의 안정 없이 현실―사무치는 슬픔―을 가만히 마주하기란 보통 위험한 일이 아니다.

위험에 맞닥뜨리면 우리는 달아나거나 저항하거나, 아니면 감정적으로 마비된다. 이를 도피, 투쟁 혹은 경직 반응이라 한다. 몸이나 정신에 대한 위협이 감지된 후 복잡한 생리학적 반응이 가동되기 시작할 때 나타나는 반응들이다. 0.5초도 안 되는 짧은 순간에 뇌는 위험에 반응하여 일종의 생체 경보 시스템으로 기능하는 신경 화학 물질을 분비한다. 그 위험이 오래가지 않을 경우, 행동을 취하고 위협이 지나가면 우리는 금세 평정 상태로 돌아간다.

그러나 외상적 슬픔을 겪은 후 항상성을 되찾으려면 긴 시간 많은 도움을 받아야 하는데, 이 사실은 쉽게 간과되고 외면당한다. 외상적 슬픔은 지속적인 불균형 상태이기 때문에 애도자는 거기에 적응할 수 없다. 아픔과 고통을 두려워하는 사회, 솔직한 감정 표현을 질병으로 취급하고 고인을 추억하고 기리는 체계와 의식을 지지하지 않는 사회에서라면 더더욱 감정적 위험에 길들고 적응하기 어렵다. 그런 사회에서 애도자는 자신을 부정적으로 평가하게 되는 것도, 잘못된 생각을 품게 되는 것도 애도 반응 탓이라고 생각할 수밖에 없다. 잘 적응하지 못하고("지금쯤은 털고 일어나야 하는데."), 무능력하고("난 왜 이럴까?"), 심지어 정신에 문제가 있다며("난 우울증이 심해.") 스스로를 탓하기도 한다.

애도에 대한 이런 잘못된 믿음으로 사람들은 감정을 억제하고, 딴 곳으로 눈을 돌리고, 자연스러운 애도 반응을 회피한다. 그래서 훨씬 더 괴로워진다.

07

빈자리

생각하지 말자
생각하건만,
그것을 생각하고
생각하며
눈물 흘리네.

―다이구 료칸(시인)

샤이엔이 죽은 지 몇 달 되지 않았을 때였다. 나는 남아 있는 세 명의 아이들에게 집중하려 안간힘을 쓰고 있었다. 슬픔 속에서는 외로웠다, 너무나 외로웠다. 그리고 무서웠다.

체중이 40킬로그램 정도로 쭉 빠졌다. 음식이 목에 걸려 넘어가지 않았다.

애도 전문 심리치료사를 세 명 잇따라 찾아가봤지만, 제대로 내 말에 귀 기울인다는 느낌을 받지 못했다. 첫 상담사는 교회에 나가보라고 했다. 두 번째 상담사는 15분이 지나기도 전에 어느 정신과 의사를 추천하며 약물 치료를 권했다. 마지막으로 찾아간 심리치료사는 적당한 키에 뿔테 안경을 쓴 빌이었다. 앞선 두 번의 상담보다는 오래 진행되었지만, 비명을 지르며 밖으로 뛰쳐나가고픈 익숙한 충동이 여지없이 찾아들었다. 빌은 나를 너그럽게 대하려고 애썼지만, 자꾸 대화의 주제를 내 슬픔과 고통에서 결혼 생활로 돌렸다.

내가 샤이엔의 사진을 몇 장 건네자 빌은 힐끔 보더니 폭탄 돌리기 게임을 하는 아이처럼 사진들을 툭 돌려주었다. 그는 이해하지 못했다. 나는 상담실에 들어가기 전보다 기분이 더 안 좋았다.

나는 자리에서 일어나며 그에게 물었다. 가시지 않은 비통한 마음으로 절실하게. "혹시 아이가 있으세요?"

빌이 답했다. "네, 그리고 지금 아내 배 속에 둘째가 있죠."

당혹스러웠다. 부성애를 경험해본 사람이 자식을 잃은 심정을 이토록 이해하지 못하다니.

"선생님은 이런 지옥을 겪지 않으시길 빌게요." 나는 이 말을 남기고 떠났다.

이 모든 게 날 위해서라고? 그렇다면 난 견뎌낼 자신이 없었다.

세 번의 심리치료가 모두 실패로 돌아갔다는 소식을 듣고 어머니가 다음 날 아침 찾아왔다. 세 살, 여섯 살, 여덟 살 난 아이들은 방에서 놀고 있었다. 나는 소파에 앉아 바람에 흔들리는 사시나무를 가만히 바라보고 있었다.

슬픔은 내 애정을 갈구하며 질척거리는 아이가 되어 있었다. 어머니를 비롯한 많은 사람들이 크게 걱정하며 우려를 표했다. 그즈음 아이들은 아침을 초코바로 때웠다. 샤이엔이 죽기 전에 나는 아이들 건강 챙기기로 유별났었는데 말이다. 아이들과 멀어지지 않으려 아무리 애써도 도무지 마음이 다 잡아지지 않았다.

내 슬픔도, 딸을 향한 내 사랑도 알아주지 않는 세상에서 어떻게 살아가야 할지 막막했다. 샤이엔의 죽음이, 그리고 남은 세 아이를 제대로 돌보지 못하는 나 자신이 점점 더 수치스러워졌다.

어머니는 내가 그 일을 잊기를, 샤이엔이 죽기 전의 나로 돌아가기를 원했다. 어머니는 내 고통에 마음 아파했다. 그날 아침 어머니가 떠난 후 나는 소파에 앉아 무릎을 껴안고 고개를 숙인 채 흐느껴 울었다. 방에서 놀고 있던 세 살짜리 딸이 내 울음소리를 듣고는 내게로 다가왔다. 아이는 내 머리를 쓰다듬으며 말했다. "엄마, 울어도 괜찮아, 슬퍼해도 괜찮아. 아기는 원래 죽으면 안 되는 거니까." 이 조그만 아이의 지혜와 연민이 한없이 고마웠다.

그날 밤, 나는 모처럼 기운을 차리고 옷장의 맨 위 선반에서 퍼즐을 꺼냈다. 100개의 조각으로 그랜드 캐니언의 하바수 폭포를 완성해야 하는 퍼즐이었다. 아이들은 신이 났고, 우리는 차례로 퍼즐 조각을 맞추었다. 퍼즐 상자에는 우리 모두가 인정하는 가장 아름다운 풍경의 사진이 인쇄되어 있었다.

"엄마, 나중에 우리 저기 가봐요." 큰아이가 말했다.

마침내 퍼즐의 마지막 한 조각만 남았다. 위쪽 오른편의 모퉁이 가까이에 한 조각이 빠져 있었다. 새파란 하늘의 작은 조각 하나가.

"나한테는 없는데." 큰아이가 말했다.

"여기 어디에 있을 거야." 내가 말했다.

소파와 테이블 밑, 옷장 안을 들여다보고 이리저리 둘러봐도 빠진 조각을 찾을 수 없었다. 나는 찾는 사람에게 상금으로 1달러를 주겠다는 제안까지 했다. 하지만 아이들은 금세 흥미를 잃고 방으로 돌아가버렸다.

그때 나는 문득 깨달았다.

당연히 빠진 조각이 하나 있지.

거의 완성된 퍼즐에는 아름다운 풍경이 장엄하게 펼쳐져 있었다. 한 조각이 없는 채로. 앞으로 그 퍼즐을 볼 때마다 그 빈자리가 먼저 눈에 들어올 것이다. 특정한 단 하나의 조각 말고는 아무것도 들어맞지 않을 그 자리가.

몇 달 후에도 난 여전히 슬픔에 빠져 허우적대고 있었다. 초기에 작게나마 얻었던 위로는 그 효력이 거의 사라졌다. 샤이엔이 죽고 며칠 지나지 않아 누군가 우리 집 앞에 두고 간 양배추샐러드처럼 쉽게 썩었다. 어느 날 밤, 전화벨이 울렸다. 어떤 남자가 떨리는 목소리로 나를 찾았다. "저, 빌입니다. 기억하실지 모르겠습니다. 아이를 잃은 후 저를 찾아오셨는데, 부끄럽게도 아이 이름은 기억 안 나네요." 나는 소심하게 답했다. "네, 기억나요. 제 딸아이 이름은 샤이엔이에요." 그러자 그는 큰 소리로 울기 시작했다. 나는 당황스러웠다.

빌은 자신의 상담실로 와줄 수 있느냐고 물었다. 나는 망설이다 물었다. "괜찮으세요?"

"아니요." 빌이 답했다. "우린…… 아이를 잃었어요…… 그때 그런 식으로 대했던 거 정말 죄송합니다. 이제는 알겠어요. 이제는 알아요."

나는 차에 올라 빌에게 달려갔다.

08

잠시 멈추고, 되새기고,
의미를 느껴라

우리에겐 단 하나의 현실이 있으니, 바로 지금 여기다.
어물쩍거리다 놓치는 것은 다시 돌아오지 않으니……
하루 또 하루가 귀중하며, 한순간이 모든 것일 수 있다.

—카를 야스퍼스(철학자)

견딜 수 없는 것을 어떻게 견뎌낼까? 참을 수 없는 것을 어떻게 참아낼까? 버틸 수 없는 것을 어떻게 버텨낼까? 사별 초기의 슬픔은 거칠고 원시적이고 비선형적이며 광포하게 느껴진다. 우리의 동의와 관심을 강요하면서 방 안의 모든 산소를 고갈시키고 돌발적으로 터져 나온다. 우리 머릿속에서는 슬픈 이야기만 꾸준히 재생된다. 슬픔에서 달아날 수 없을 것만 같다. 사람들이 생각하는 것보다 사별의 슬픔은 훨씬 더 오래간다. 벌어져 피가 나는 상처처럼 슬픔은 우리에게 간호해달라고 요구한다.
"나 여기 있어." 슬픔이 말한다. "날 함부로 대하지 마. 그만. 잠깐 멈춰. 나와 함께 있어줘."

나는 1980년대에 가라테를 시작했는데, 가라테에는 '가타'라는 기본 품새가 있다. 한 동작에서 다음 동작으로 물 흐르듯 이어지는 이 품새에서 자주 간과되지만 중대한 요소가 하나 있다. 바로 멈춤이다. 가타에서 멈춤이란 가만히 버티고 기다리며 신중하게 듣는 것이다. 다음 동작을 시작하기 전에 이전 동작을 품위 있게 끝낼 수 있는 시간을 만든다.

멈춤은 하나의 기술이며 애도와 많이 닮았다. 말 사이에, 호흡 사이에, 지금과 다음 순간 사이에 멈춤이 일어난다. 그때 우리는 가만히 있으면서 천천히 길게 심호흡을 한다.

'셀라(הלס)'—'잠시 멈추고, 되새기고, 의미를 느낀다'—라는 히브리어는 〈시편〉에 일흔 번 가까이 등장한다. 애도는 본질상 시적이며 비가의 성격을 띤다. 그리고 시는 애도처럼 전복적이고 제멋대로며 반항적이다. 시는 마땅히 그래야 하기에 언어 규범을 깬다. 시는 감정을 부추긴다. 그리고 우리는 정당한 감정을 스스로에게 허락하며, 애도를 허락지 않는 완고한 사회 구조에 저항한다.

짐은 스물세 살의 맏아들 마크를 자살로 잃은 쉰 살의 아버지다. 그는 아들이 죽고 거의 3년이 지나 상담을 받기로 했다. 아들이 죽은 직후 몇 주 동안 이런저런 지지 모임에 참석

했지만 '어색해서' 그만두었다. 짐은 자신이 망가졌다고 말했다. 매일 출근은 하지만, 다른 사람들이 그의 상실에 무신경한 것 같아 친구들과 멀어지고 사교 활동을 끊었다고 했다. 그리고 이 점이 중요한데, 짐은 사람들에게 버림받은 기분이라 외롭다는 말을 자주 했다. 아들을 알고 사랑했던 사람들이라고 다를 건 없었다.

짐은 몇 년 사이 체중이 상당히 줄었고, 불면증과 악몽에 시달렸으며, 정신이 마비될 정도로 화가 치밀거나 느닷없이 아들의 죽음이 떠오를 때가 많았다. 아들을 생각하지 않으려 벽에 걸려 있던 아들 사진도 모조리 치웠다. 그러다 남아 있는 자식과의 관계가 점점 나빠지고 있다는 사실을 깨닫고는 상담을 고려하게 되었다. 우리가 처음 만난 날 두 시간 반 동안 이야기를 나누면서 짐은 몇 번이나 감정에 북받쳐 입을 다물었다. 누군가 이렇게 그의 슬픔을 "봐주고 들어주는" 느낌은 처음이라고 했다.

초반에 우리는 조건과 비판 없이 슬픔을 받아들이는 작업에 초점을 맞추었다. 나는 짐에게 '어두컴컴한 곳'에서도 함께 있어주겠다고 약속했다. 그가 무엇을 보여주든 외면하지 않고 받아들일 테니 나를 믿고 감정을 솔직하게 드러내라고 했다. 곧 짐은 매일 아침저녁으로 10분씩 명상을 하면서 감정을 오롯이 느끼는 연습을 하기 시작했다. 감정 일기(emotion journal)도 쓰기 시작했다.

상담 5회 차에 짐은 그가 느끼는 정체불명의 분노에 초점을 맞추었다. 우리는 의식적 분노란 어떤 모습일지, 어떻게 하면 사람들이나 상황에 대한 반응으로 나타나는 분노를 의식적으로 느낄 수 있을지에 관해 이야기를 나누었다. 그 결과로 나온 것이 다음의 여섯 단계이다.

1. 속에서 치미는 분노를 알아채기
2. 열린 마음과 호기심으로 분노에 다가가기
3. '이 순간 내가 분노를 느끼는 진짜 이유'를 묻기
4. 천천히 심호흡하기
5. 필요한 경우, 그 상황/사람으로부터 벗어나기
6. '폭발할' 것처럼 느껴질 때 점진적 근육 이완 요법 실시하기

상담이 10회 차까지 진행되었을 때 짐은 분노가 현저히 줄었다고 느꼈다. 우리가 매주 검토한 감정 일기도 그 사실을 확인해주었다. 수면 패턴이 개선되면서 짐은 악몽도 꾸지 않았다. 상담 13회 차에 이르러 그의 체중은 4킬로그램가량 늘어 있었다.

짐이 마음의 준비를 마쳤을 때 우리는 좀더 적극적으로 그의 슬픔에 접근하기 시작했다. 아들의 죽음에 대해 느껴지는 감정, 서로 미묘하게 다르고 가끔은 모순된 그 감정을 점점 더 자각하는 작업도 여기에 포함되었다. 그 과정에서 예전엔 미처 알아차리지 못했던 감정이 발견되었다. 죄책감과 수치심이다. 짐은 남들이 그의 아들을 '나약한' 인간으로, 그를 부족한 아버지로 여길 거라고 은연중에 믿고 있었다. 그래서 부모로서의 책임을 절감했고, 이는 감정 폭발로 이어졌다. 짐

은 아들의 죽음이 결국 자기 탓이라고 느꼈다.

나의 권유로 짐은 마크에게 보내는 편지를 썼다. 그 편지들에는 아버지로서 실격이라는 자책이 고스란히 담겨 있었다. 마크 곁에 있어주지 못했던 시간들, 어린 마크와 하지 못했던 일들이 쓰여 있었다. 마크가 자살했던 날 마크의 전화를 받지 않은 것에 대한 후회가 담겨 있었다. 나는 짐에게 편지 속에서 마크의 용서를 구하라고 격려했다.

그리고 30분 이상 기다린 뒤 같은 일기장에 마크의 답장을 써보라고 했다. "용서를 구하는 아버님에게 마크는 뭐라고 답할까요?"

짐에게 이 과제는 강한 위력을 발휘했다. 그는 "눈물샘이 마를 때까지 울고 났더니 기분이 아주 좋았다"고 말했다. "아들 녀석이 '아빠, 사랑해요'라고 하는 목소리가 들리는 것만 같더군요."

죄책감과 수치심을 조금씩 해결해가면서 짐은 남은 아들과의 관계를 돈독히 다지고 새 친구들도 사귀기 시작했다. 또 자식을 잃은 부모들 모임에 매달 참석했다. 마침내 체중을 회복하고, 마크에 대해 자유롭게 이야기할 수 있게 되었다. 마크의 사진도 다시 벽에 걸었다.

나와 만난 지 2년쯤 되었을 때 짐은 그처럼 자식을 잃은 부모들을 돕고 싶다고 했고, 그 후로 자원봉사를 꾸준히 해오고 있다. 짐은 슬픔과 함께하고 슬픔에 순응하는 법을 배운 뒤 그것으로 무언가를 할 수 있다는 사실을 깨달았다.

09

공포 밑의 공포

무엇이든 사랑해보십시오. 분명 마음이 아리고, 어쩌면 무너져 내릴지도 모릅니다. 천국 밖에서 사랑의 모든 위험과 불안을 완벽히 피할 수 있는 곳은 오로지 지옥뿐입니다.

—C. S. 루이스(작가)

자식과의 사별을 겪은 소설가 마크 트웨인은 "죽음에 대한 두려움은 삶에 대한 두려움에서 나온다"라고 말했다. 두려움, 심지어 공포는 우리가 슬픔에 접근하는(혹은 회피하는) 방식에 크게 일조한다. 타인이 우리의 슬픔에 접근하는(혹은 회피하는) 방식에 영향을 미치기도 한다.

심리학자 셸던 솔로몬은 우리 사회에서 사별의 슬픔(애도자들)과 죽음(죽어가고 있거나 죽음을 앞둔 사람들)이 소홀한 대접을 넘어 멸시까지 받는 이유를 설명하는 이론을 제시했다.

솔로몬은《죽음의 부정》으로 퓰리처상을 받은 문화인류학자 어니스트 베커의 연구를 토대로 공포 관리 이론을 구축했다.

베커에 따르면, 인간은 어느 시점에 자신의 죽을 운명을 자각하고 그런 자각으로 인해 죽음을 두려워하게 되는데, 누구든 무엇이든 죽을 수밖에 없는 이 무시무시한 세상에서 제대로 살아가려면 그 두려움에 이어지는 불안한 감정과 생각을 억눌러야 한다.

베커는 우리가 그런 감정과 생각을 억누를 수 있도록 돕고 질서를 유지하는 것이 바로 문화의 주된 기능이라고 말한다. 그 덕분에 우리는 절대 무너지지 않는 강력한 불사신이 된 것처럼 느낀다. 어떻게 보면, 죽음을 부정하는 것은 언젠가 죽을 운명인 진정한 자아를 거부하는 것이나 마찬가지다. 그래도 공포감을 줄이겠다고 너도나도 죽음을 부정한다.

죽음 현저성 이론에 따르면, 죽음에 대한 불안과 두려움이 클수록 죽음을 부정하고 회피하는 성향으로 빠질 확률이 높다. 의식적으로든 무의식적으로든 위협을 감지하게 되기 때문이다. 그래서 죽음(혹은 사별의 슬픔)이 두려운 사람은 고통을 일시적으로 덜기 위해 마음속에 요새를 쌓아 올린다. 그 요새에 숨어 불가피하게 겪어야 할 고통으로부터 자신은 면제받았다는 무의식적 자기기만에 빠진다. "내가 그렇게 죽을 리 없어. 사랑하는 사람들을 잃을 리 없어. 내가 그렇게 나약할 리 없어."

내가 목격한바, 이런 회피는 공동체 차원에서도 벌어진다. 회피를 모의하는 더 큰 구조—교회, 학교, 지역사회, 넓게는 문화 집단—내에도 같은 공포감이 존재한다. 그 누구도 사랑하는 이의 죽음을 피할 수 없건만, 사회 구조는 그런 현실을 밀어내면서 애도자들에 대한 적의와 불관용과 차별을 부추기는 일종의 체계적 회피를 꾀한다.

한번은 초등학교 상담교사가 내게 전화해 우려를 표한 적이 있다. 어느 교사가 어머니날 카드를 만드는 시간에 바로 몇 주 전 어머니를 잃은 아홉 살짜리 소녀를 교실 밖으로 내보냈다는 것이다. 어머니의 죽음에 관해 아이와 이야기를 나누고 카드를 만들어 묘지로 가져가겠느냐고 묻는 대신, 그 교사는 학생을 다른 교실에 말 그대로 격리했다. 죽음을 인식하고 애도를 가르치는 훈련을 받지 못한 교사는 괜히 소녀의 감정을 자극해 교사 자신과 다른 학생들까지 힘들어질까 두려웠던 것이다. 상담교사와 나는 이 문제를 바로잡기 위해 아이가 원하는 대로 카드를 만들게 해주고, 부모를 잃은 아이들을 적절히 지원하는 방안을 담은 심리 교육 자료를 해당 교사와 학교 관계자들에게 제공했다.

죽음과 애도를 회피하는 문화에서 애도하는 사람은 사회 구조가 공감하지 못하고 공감하지 않으려는 타자가 되고, 이런 회피는 그야말로 비극이다.

사랑하는 이들의 죽음을 찬찬히 되새기고 그 뒤에 거세게 밀려드는 슬픔을 느끼면서 우리는 중요한 사실을 마주하게 된다. 인간이란 쉽게 무너지는, 고통받는, 그럼에도 사랑하는 존재라는 것을.

10

사랑과 고통은 하나다

오르막길이나 내리막길이나 같은 길이다.

—헤라클레이토스(고대 철학자)

사랑을 하면 고통은 피할 수 없다. 깊은 사랑은 인생의 가장 큰 선물이며, 사랑하는 이를 잃는 것은 인생의 가장 큰 비극이다. 이 두 가지 일이 동시에 일어날 수 있다는 것, 그리고 언젠가는 우리 마음에 아주 작은 기쁨이라도 다시 피어날 수 있다는 건 심오하고도 불가사의한 신비로움이다.

그런데 슬픔을 두려워하는 우리 문화는 "행복한 생각만 해!" "행복을 선택하면 되잖아!"라면서 그 신비로움을 느끼지 못하게 막아버린다.

'행복 추구'는 무려 헌법에 정식으로 기술되어 있는 권리다. 하지만 우리가 완전히 잘못 알고 있는 거라면 어떨까?

홀로코스트 생존자로 《죽음의 수용소에서》라는 중대한 저서를 집필한 빅터 프랭클은 행복을 탐하지 말라고 경고했다. 행복을 좇는다고 손에 넣을 수 있는 건 아니라고 말이다. 그는 행복이란 타인에게 헌신할 때 부산물로 따라오는 것이라고 말한다. 행복 장사꾼들이 펼쳐놓은 매대의 밑동을 뒤흔드는 관점 아닌가.

행복에 끈질기게 집착하다 보면 인간으로서 어마어마한 간접 비용을 치러야 한다. 자신의 나약함을 숨기기에 급급해지고, 자아, 타자, 자연과 단절될 뿐만 아니라 사랑하는 이를 잃었을 때 찾아드는 솔직하고 정당하며 진정한 슬픔을 제대로 느끼지 못하게 된다.

이런 슬픔을 비정상적인 것으로 잘못 규정짓는 분위기가 우리 사회에 만연해 있다. 일부 정신 건강 전문가들은 사별의 슬픔을 치료할 수 있는 특별한 요법이 있다고 주장한다. 슬픔을 다스리는 약을 처방하는 내과 의사나 정신과 의사도 있다. 상담 3회 만에 슬픔을 '치료'할 수 있다고 주장하는 인생 상담 코치들도 있다. 심지어 어떤 종교 지도자들은 사별의 슬픔을 자기 연민과 동일시하고 신심으로 상실감을 이길 수 있다고 주장하면서 번영 복음*을 홍보하기까지 한다.

이 모두는 슬픔과 행복이 언제나 대립할 수밖에 없다는 이원론에 위태롭게 기대어 있다. 하지만 정말 그럴까?

....
* 물질적 부와 건강이 하느님의 뜻이며 신앙이 질병과 빈곤을 없애준다고 믿는 신학.

작년에 나는 열여섯 살짜리 아들을 암으로 잃은 여성을 만났다. 이 여성은 아들의 빈자리로 인한 상실감이 너무 커서 살아가기 힘들다고 말했다. 나야말로 공감할 수 있는 감정이었다. 하지만 애도 작업을 시작했을 때 그는 아들과 함께했던 매 순간이 굉장히 고맙게 느껴지기도 한다고 말했다.

슬픔과 감사함을 동시에 느낀다는 것이 누군가에게는 이상해 보일 수도 있다. 현시대의 행복 추구 열풍을 무시할 수 있는 사람에게는 무엇보다 순수한 진실로 받아들여질 것이다.

행복하다고 해서 고통이나 비탄이나 슬픔을 느끼지 않는 것은 아니다. 이런 정반대의 감정을 연이어 겪거나 혹은 동시에 느끼는 경우도 많다. 아쉬움과 만족감, 비통함과 아름다움, 갈망과 포기는 서로 동일한 것으로 공존한다. 이런 대립물의 통합(unity of opposites)은 감정을 흑백으로 구분하는 근시안적이고 이원론적인 관점으로부터 우리를 자유롭게 한다.

행복과 슬픔은 완전히 구분되지 않는다. 애도와 감사함도, 만족감과 절망도 마찬가지다. 우리는 양쪽 모두를 느낀다.

애도의 초기 단계에는 행복한 날이 다시 찾아오리라 상상하기가 불가능까지는 아니더라도 어렵다. 그래도 조금이나마 즐거운 순간이 몇 초씩 몇 분씩 쌓이다 보면, 나중에는 만족스러운 기분이 몇 시간 며칠씩 이어지기도 한다. 기쁨을 느낄 줄 아는 능력이 점차 회복되고, 우리는 이 기쁨을 슬픔과 함께 느낀다. 즐겁고 밝은 순간에도 슬픔은 여전히 인식된다. 사랑하는 이, 그의 목소리, 그와의 포옹, 그의 손길, 그의 존재감은 언제나 그리우니까. 상실에 절망하는 만큼 가진 것에 고마운 마음도 든다.

죽음을 부정하는 우리 문화가 행복 추구를 선전하며 퍼뜨리는 거짓말에 넘어가기 쉽다. 그 거짓말에 속으면 고통스러운 감정을 비난하고 밀어내게 된다. 나는 내담자들과 애도 작업을 진행할 때, 이 메시지에 대항하여 이분법적 인식을 좀 더 수용적이고 비이원적인 인식으로 바꾸는 데 주력한다.

아름다움과 고통은 공존한다. 그러나 애도 초기 단계에 세상의 아름다움을 다시 보려면 먼저 고통을 느끼고 그 안에 머물러야 한다. 그러면 서로 대립되어 보이는 두 상태를 우리가 넘나든다는 사실을 알아차릴 수 있다. 행복하려고 슬픔을 피하지 않아도 되고, 슬픔을 느끼려고 행복을 매도할 필요도 없다. 이원적 인식은 삶을 단단히 다져주기는커녕 속박하는 올가미일 뿐이다.

어떤 상실도 실망도 (더 이상의) 죽음도 없이 만사가 내 뜻대로 되어야 기쁨을 느낄 수 있는 건 아니다. 평생토록 내 마음을 드나들 슬픔을 억지로 막는다고 행복해지는 건 더더욱 아니다. 요컨대 매 순간의 감정을 바꾸려 들지 말고 그대로 받아들이라는 뜻이다. 그래야 자신의 진정한 감정과 서서히 화해할 수 있다.

죽음을 부정하고 슬픔을 거부하는 행복 숭배는 철학보다 경제를, 다정함보다 생산성을, 진정성보다 쾌락을, 겸손보다 오만을, 의미 있는 인간관계보다 탐욕을, 보편적 연민보다 자칭 치유자들의 이기적인 주장을 우위에 두는 관습과 메시지를 통해 전파된다.

 그 암울한 결과로, 사별을 겪은 후 취약한 상태에 있는 사람들은 수치심에 빠져 더더욱 감정을 숨기려 든다. 이런 상황에서라면, 우리 애도자들은 시치미 떼기의 대가가 될 수밖에 없다. 우리의 슬픔이 나쁘거나 과도하거나 너무 길다는 자타의 평가가 내려지면, 우리는 수치스러워지고, 그래서 감정을 억누른다. 남들이 우리의 고통을 봐주지 않으면, 우리는 고통을 숨겨야 하는 것으로 깨닫는다. 애초에 고통을 느끼면 안 된다는 착각에 빠지기까지 한다. 남들의 반응을 증거 삼아 우리는 우리의 괴로움이 말 그대로 참을 수 없는 무언가라는 결론에 다다른다. 타당하고 필요한 괴로움을 너무 이르게 끊어 내려다 명분 없고 불필요한 괴로움까지 덤으로 얻고 만다. 슬픔을 피하려 들면, 슬픔이 옆길로 새서 상실의 마땅한 결과물로 인지할 수 없게 될 위험이 있다. 실존주의 심리치료사 어빈 얄롬의 말대로 "고통은 그곳에 있다. 문을 닫아 막으면, 고통은 다른 곳으로 들어오려 문을 두드린다." 그런가 하면 시인 루미는 "어떤 찢어진 곳은 기울 수 없다"고 말한다.

 중요한 문제는 슬픔—특히 외상적 슬픔—이 우리를 기다려줄지라도 너무 오래 기다리게 하면 다른 모습으로 바뀌고, 가끔은 독이 되어 우리의 영혼을 해치기도 한다는 것이다. '좋은' 감정만 좇고 '나쁜' 감정을 회피하는 건 비단 사별의 고통을 겪고 있는 사람들만의 문제가 아니다. 진실한 감정을 끊어내고 다른 감정을 추구하거나 만들어내는 건 우리의 인간성을 부정하는 짓이다. 우리에게 속한 것—이를테면 사별 후의 고통—을 되찾으면, 그것에 대해 더 이상은 모진 감정을 품지 않아도 되고, 내 것이 아니었으면 하는 그것을 없애려 소중한 에너지를 낭비하지 않아도 된다. 그대로 내버려두면 그만이다. 쉽지는 않지만 말이다.

무엇이 찾아오든 그 모습 그대로 내버려두자. 그러면 우리의 감정이 늘 움직이고 있음을 알게 된다. 'emotion(감정)'이라는 단어는 라틴어 'movere(지나가다)'와 'emovere(밖으로 나오다)'에서 유래한다. 감정은 우리 안으로 들어와 우리를 통과하고, 우리와 타인 사이로 움직인다. 자유롭게 움직이도록 내버려두면 감정은 비록 드문드문하고 느릴지라도 반드시 변화한다.

슬픔이 우리에게 전하는 가장 통절한 메시지는 이렇다. 에둘러 가는 길은 없다. 돌파할 수밖에.

II

슬픔을 우회하려면
사랑도 우회해야 한다

우리는 자기 자신이 세계 역사상 전례 없는 고통과 괴로움을 겪고 있다고 생각하지만, 책을 읽으면 생각이 달라집니다. 나를 제일 괴롭히는 것들이야말로 이 세상을 살고 있는 혹은 살았던 모든 이들과 나를 연결해준다는 사실을 가르쳐준 것은 바로 책이었습니다.

— 제임스 볼드윈(소설가)

토목 기사인 내 친구 제니는 어느 엔지니어링 회사에서 일했다. 제니는 사장이 술고래에다 직원들의 마음을 알아주지 않는다고 푸념하곤 했다. 직원들은 사장이 무례하고 무신경하고 냉정하다고 느꼈다. 사장의 아내 역시 술을 너무 많이 마셨고, 두 사람이 운전을 못할 정도로 만취해서 비서가 택시를 불러야 했던 적이 잦았다. 회사 분위기가 이러하니 직원들이 줄줄이 퇴사할 수밖에 없었다. 일 년 넘게 일한 사람은 경리 한 명뿐이었다. 사장과 그의 아내는 풍족하게 살면서도 직원들에게 상여금이나 명절 선물을 주는 일이 없었고, 감사 표현에도 인색했다. 명절에 내 친구는 동네 노숙자들에게 나누어줄 낡은 겨울옷을 직원들에게 기부받으려 했지만, 사장은 가난한 사람들을 싸잡아 비난하며 허락지 않았다. 제니는 분노와 슬픔에 휩싸여 다른 직장을 찾기 시작했다. 이렇게 탐욕스럽고 무심하고 매정한 인간은 생전 처음이었다.

제니가 경리에게 불만을 털어놓으며 회사를 떠나겠다고 밝히자, 회사에서 오래 일한 경리는 사장의 비밀스러운 개인사를 알려주었다. 8년 전 그가 막 입사했을 때 사장의 어린 아들이 백혈병으로 사망했다는 것이었다. 경리의 말에 따르면, 사장은 원래 이런 사람이 아니었고, 그가 처음 회사를 다니기 시작했을 땐 사장도 그의 아내도 폭음하지 않았다고 했다. 아들의 죽음으로 사장 부부는 가족으로도 개인으로도 망가졌다. 경리는 아들이 죽은 즈음이나 그 후에 사장 부부가 눈물 흘리는 모습을 단 한번도 못 봤다고 말했다. 그들은 사무실에 있던 아들의 사진을 치웠다. 아들이 처음부터 이 세상에 존재하지 않았던 것처럼. 슬픔을 외면하며 엉거주춤 삶을 이어가는 동안 겁에 질린 채 산산이 부서진 그들의 마음은 딱딱하게 굳어버렸다.

슬픔을 우회하려면 사랑도 우회해야 한다. 현대인들은 고통과 담을 쌓고 슬픔과 트라우마를 둘러가는 데 아주 능숙하다. 두려움은 진실한 감정을 싹둑 잘라 회피를 부추기고, 회피는 두려움이라는 심리적 감옥에 우리를 가둔다. 그러면 우리는 겁에 질린 채 사랑을 마음껏 드러내지 못하고, 우리 자신을 지키기 위해 마음의 벽을 높이 쌓아 올린다. 그러나 이 과정에서 우리 자신과 타인들의 인간애와도 단절되고 만다. 제니의 사장과 그의 아내가 그랬던 것처럼 말이다. 많은 이들이 마음 한구석으로는 이 진실을 알고 있다.

그럼에도 우리 문화는 '종결'에 필사적으로 집착한다. 우리는 슬픔을 리본으로 싸매어 다른 어딘가로 보내버린다. 지금 여기만 아니면 상관없다. 처음부터 이랬던 건 아니다. 그리고 앞으로도 계속 이럴 필요는 없다.

영성 공동체의 지도자들을 가르칠 때는 영성이 고통에서 빠져나오는 길이 아니라 고통으로 들어가는 길임을 일깨우려 애쓴다. 의료 및 정신 건강 분야 사람들을 가르칠 때는 애도하는 사람을 사랑하거나 돌보는 데 그들 자신의 공포가 걸림돌이 될 수 있음을 이야기한다. 고인이 그들의 자식, 배우자 혹은 부모라고 상상해보라고 하면 거부감을 느끼는 사람들이 많다. 그런 상상 자체가 너무 두려운 것이다. 상상 훈련만으로도 이토록 괴로운데 그 일이 실제로 닥치면 어떨까? 예비 심리치료사를 훈련하는 교수로서 나는 학생들에게 그들이 내담자들과 다르지 않음을 상기시킨다. 사랑을 하는 사람은 사별의 슬픔을 겪을 수밖에 없다. 이런 점에서 우리도 그들과 같을 수 있음을 생각하지 못하는 학생들이 많다. 종교·

사회·의료·교육 분야는 근본적으로 행복을 추구하며, 이런 흐름은 슬픔을 대하는 대중의 태도에도 영향을 미친다.

많은 영적 전통의 신비론자들은 고통을 신이나 실존적 초월에 가까워질 수 있는 필연적이고 근본적이며 유일한 수단으로 여긴다. 그러나 뭐든 의료 문제로 보는 현 세계에서는 정상적인 사별과 트라우마를 진단 코드가 붙은 정신 질환으로 탈바꿈시켜 약을 처방한다. 슬픔이 질병이라면, 사랑도 질병이어야 한다.

가족을 잃은 한 여성이 얼마 전 나를 찾아와 말하기를 내가 자기 인생의 "마지막 기회"라고 했다. 이전의 상담사들에게 정신 질환자로 취급당하면서 주요 우울 장애와 외상 후 스트레스 장애라는 구체적인 병명까지 진단받았다는 것이다. 두 자식과 남편을 화재로 잃고 후유증을 앓고 있는 사람에게 '정신 질환'의 진짜 의미는 뭘까? 일곱 달이 지나서도 이 여성은 거의 날마다 눈물을 흘렸다. 가족을 구할 방법은 없었을까 궁금해하면서. 어떤 날은 가족들이 지냈던 방에 앉아 있고, 어떤 날은 그 앞을 지나가기도 힘들다. 이 모두 정상적이고 인간적인 반응이다. 임상적으로 말하자면, 이런 감정을 경험하지 않는 사람이 오히려 더 우려스럽다.

우리 문화는 크나큰 상실을 크게 슬퍼하지 말라는 메시지를 보내며 이 여성의 상태를 질병으로 취급했다. 자식과 남편을 잃은 여성이 충분한 기간 동안 진지하게 애도하지 못하도록 막으며 회피를 조장했다.

외상적 슬픔을 회피하는 것이야말로 오늘날 인류가 직면

한 최대의 위협이자, 중독과 약물 남용에서부터 사회적 단절과 심지어 전쟁에 이르기까지 한없는 고통의 원흉이 아닐까 싶다. 슬픔과 단절되면 우리 자신과도 단절된다. 우리 자신과 단절되면 타인과 자연계와도 단절된다. 불필요한 고통의 악순환이 가족, 공동체, 문화, 시대에 스며든다. 피하려 할수록 고통은 더욱 커진다. 개인이나 가족, 문화의 차원에서 회피가 오래 지속되면 우리의 내면은 조각나기 시작한다. 그러면 감정의 범위가 줄어들고 좁아진다. 우리의 세계도 그렇게 된다.

명상수행자 잭 콘필드는 《다르마 알기(Bringing Home the Dharma)》에서 태국 승려 아잔 차의 사원에 도착했을 때 그 고승에게서 "고통을 두려워하지 마십시오"라는 말을 들었다고 했다. 콘필드는 명상을 통해 평화와 행복을 찾으러 왔는데 그게 무슨 소리냐고 물었다. 그러자 아잔 차는 이렇게 답했다. "고통에는 두 가지가 있지요. 우리가 삶의 진리를 마주하지 않으려 피하는 고통, 그리고 속세의 슬픔과 고난으로부터 달아나는 것을 멈출 때 찾아드는 고통 말입니다. 두 번째 고통은 우리를 자유로 인도할 겁니다."

12

슬픔의 강도와 대처 능력

자연은 서두르지 않으나 제 할 일을 다 해낸다.

—노자(중국 춘추시대 사상가)

나는 사별한 사람과 일대일로 상담을 진행할 때는 '목표'나 임상적 목적을 정하지 않는다. 둘이 함께하는 동안 뭘 할지 '치료 계획'도 세우지 않는다. 슬픔을 따라 움직이고, 슬픔을 넘나들고, 슬픔을 헤쳐가는 그들과 함께할 뿐, 다른 의도를 두지 않는다. 그러면 목표를 향해 서두를 필요도, 특정 목적지에 집착할 필요도 없어진다. 다만 내게 어떤 역할이라는 게 있다면, 내가 할 수 있는 가장 의미 있는 일은 그들이 가족이라는 맥락 안에서, 문화라는 맥락 안에서 그들만의 이야기를 검열되지 않은 온전한 형태로 느낄 수 있도록 돕는 것이다.

그런 다음에는 그들이 슬픔을 주관적으로 평가하지 못하도록 막기보다 대처 능력을 키우도록 돕는다. 다음과 같은 통합 평가를 통해서 말이다.

슬픔의 강도(1~10)

1　2　3　4　5　6　7　8　9　10

슬픔에 대처하는 능력(1~10)

1　2　3　4　5　6　7　8　9　10

이걸 보면 알 수 있듯이 우리가 느끼는 감정과 우리가 감정에 대처하는 능력은 개별적으로 작용한다.

어느 특정한 날—이를테면 샤이엔의 생일—슬픔의 강도가 최대치인 10까지 올라가도 대처 능력 역시 9로 높은 수준이라면, 내가 느끼는 감정과 내가 현재 감정을 있는 그대로 감당할 수 있다는 믿음 사이에 긴장이 거의 없는 셈이다.

강도 6(중간보다 조금 높다)의 슬픔을 느끼면서 대처 능력이 2(아주 낮다)밖에 안 된다면, 이 괴리로 인해 심한 고통과 심리적 불안이 생겨날 수 있다. 이럴 때 사람들은 자신의 감정을 믿지 못하고, 손쉽게 얻을 수 있는 수단을 이용하여 의식적으로든 무의식적으로든 '빠져나가려' 한다.

이 모델의 취지는 슬픔의 강도를 줄이는 것이 아니라, 슬픔에 대처하는 능력을 높이는 것이다. 그러면 슬픔의 강도가 때와 조건에 따라 불규칙적으로 변화하면서 그 수치가 오르락내리락해도 상관없어진다.

　이러한 관점을 취하면, 슬픔의 다양한 빛을 엷게 하기보다는 개인적·대인적 자원을 강화하는 데 중점을 둘 수 있다. 이것이 중대한 이유는 애도 과정에서 극심한 단계를 지나고 나면 슬픔이 전경에서 배경으로 옮겨가 오르락내리락하며 나타나고 또 나타나기 때문이다.

　언젠가 슬픔의 강도가 1이나 2로 떨어질지도 모른다. 그러나 수년 후에도 강도가 최고치로 올라가는 날들이 분명 있을 것이다. 제멋대로 요동치는 슬픔에 대처할 자신감이 없으면 감정을 견디기가 점점 힘들어지고, 그래서 자꾸 딴 곳으로 눈을 돌리게 된다. 슬픔의 강도가 확 오를 때 이런 한눈팔기는 쉽사리 중독으로 이어진다.

　사랑이 그러하듯 슬픔은 시간과 공간에 속박되지 않는다. 자연계가 그러하듯 슬픔은 나름의 유기적 리듬에 따라 변화한다. 우리는 그저 그것을 느끼기만 하면 된다.

13

수축과 확장

이 세상의 모든 아름다움은 눈물방울에 젖어 있다.

— 테오도르 헤커(작가)

애도는 확장과 수축의 과정이다.

확장-수축 모델은 천체물리학과 세포생물학에서 열역학과 화학에 이르기까지 자연과학 곳곳에서 볼 수 있다. 초대형 항성은 나이 들면서 연료가 떨어지면 수축하기 시작한다. 서서히 수축하다가 종국에는 극적인 확장, 즉 초신성 폭발로 이어진다. 이 과정의 또 다른 사례로 출산이 있다. 수축 없이 아이는 태어날 수 없다. 수축은 말로 표현할 수 없을 만큼 고통스러우면서도 생산적인 내향성 운동이다. 여기에 자궁 경부의 확대가 이뤄져야 비로소 출산이 이루어진다.

애도 과정에서는 수축과 확장이 거듭 반복된다. 여기서 수축은 틀리거나 나쁜 것이 아니므로 막거나 제어할 필요가 없다. 수축은 확장을 위해 꼭 필요한 것, 따라서 수축 자체가 확장의 일부이다.

우리의 관심과 에너지가 내면으로 향할 때, 그 순간 압박감이 들어서인지 우리 주변이 줄어들고, 그러면 수축이 일어난다. 압박감 속에서 우리의 감정은 수축하고 단단히 조여진다. 우리는 에너지와 관심을 슬픔과 자아에 집중적으로 쏟아붓는다. 수축의 순간에는 내가 이렇게 살아 있어도 되나 하는 의구심이 생긴다. 줄이 끊어진 연처럼 불안하게 흔들린다. 정신이 나약해지고 절망과 공포감에 휩싸인다. 그런 순간이 찾아들면, 우리는 몸을 옹송그리고 숨을 죽인다. 그런 순간이 찾아들면, 우리 자신을 지키고픈 욕구가 생긴다. 다른 한편으로 그 수축이 우리를 구해주리라는 사실도 어느 정도 감지한다.

수축 후 조금이나마 성장하는 시기에 크게 숨을 들이마시고 내쉬면 확장이 찾아온다. 수축을 막지 않고 내버려두면 자연스레 사그라지고 경직이 풀리면서 우리는 성장한다. 바깥세상으로 나가 탐구하고 모험하고 마음을 활짝 열어젖힐 의지가 생긴다. 그러다 어느 순간 신뢰, 안정감, 호기심, 의지, 유대감, 소속감, 어쩌면 희망까지 느낀다. 바로 전에는 수축이 우리를 구했다면, 이 순간에는 확장이 우리를 구할 것이다.

이 모델에서 확장 역시 틀리거나 나쁜 것이(옳고 좋은 것도!) 아니다. 확장 역시 막거나 제어할 필요가 없다. 확장은 다음

번 수축을 위해 꼭 필요하다. 따라서 확장 자체가 수축의 일부이다.

롤런드는 아내 수전과 젖먹이 외아들을 자동차 사고로 잃고 넉 달이 지난 뒤 나를 찾아왔다. 내성적이고 과묵한 40대 엔지니어로 늦게 결혼한 그는 당연히 피폐해져 있었다. 초반에는 내 눈을 거의 보지도 않았다. 대개는 고개를 푹 숙인 채 알아듣지 못할 말을 웅얼거렸다.

그러다 6개월쯤 된 어느 날, 롤런드는 한결 편한 얼굴로 상담실에 왔다. 며칠 전 옛 친구들을 다시 만났다고 했다. 친구들은 아들 잭슨의 사진을 보여달라고 하더니, 잭슨이 롤런드를 많이 닮았다고 말했다. 롤런드는 친구들과 함께 아들에 관해 이야기하는 동안 마음이 아리면서도 따뜻해졌다. 그날 밤 집으로 돌아가서는 수전과 함께 쓰던 방에 결혼사진을 다시 걸었다. 잭슨이 태어난 순간을 담은 영상도 보았다. 많은 시간을 함께했지만, 롤런드가 나와 계속 눈을 마주친 건 이때가 처음이었다.

"이제 괜찮을 것 같습니다." 롤런드는 희망찬 목소리로 말했다.

여섯 달 후, 수전과 잭슨의 1주기를 며칠 앞두고 롤런드와 나는 상담실에 마주 앉았다. 핼쑥하고 침울한 그의 얼굴만 봐도 상황을 짐작할 만했다. "앞으로 어떻게 살아갈지 암담합니다." 그는 진심을 털어놓았다. "내 인생은 끝났어요. 전부 다 잃었는데 살아서 뭐 하겠어요."

나는 살기 싫은 기분이 어떤 건지 물었다.

"모든 게 의미를 잃었어요. 모든 게 색을 잃었어요. 뭘 먹어도 맛을 모르겠고…… 몇 달 전만 해도 진전이 있는 것 같았는데…… 지금은 구덩이, 작은 구덩이, 벽장에 갇혀버렸습니다. 첫 몇 달 그때로 돌아간 것 같아요. 그냥 도망가고 싶어요."

우리는 도망에 대해, 좁다란 벽장에 갇힌 듯한 고통에 대해 한 시간 넘게 이야기를 나누었다. 나는 변화가 생길 때까지 꾸준히 노력할 수 있겠느냐고 물었다.

"그래도 안 변하면 어떡합니까?" 롤런드는 거의 공황 상태에 빠졌다.

"변할 겁니다. 변하지 않는 건 없으니까요."

롤런드는 이 상담에서 불확실성을 받아들이기 시작했다. 몇 주 후 그는 다시 마음이 편해지고, 그 좁다란 벽장의 문이 삐걱거리며 열리는 것을 느끼기 시작했다.

3년 가까이 상담이 진행되는 동안 롤런드는 자신의 슬픔을 수축과 확장의 연속으로 이해할 수 있게 되었다. 막바지에 이르렀을 때 롤런드는 자신이 깨달은 바를 알려주었다. 신뢰하는 사람에게 감정을 터놓을 수 있다는 걸 알면, 수축(그는 이제 여기에 순응하는 법을 터득했다)이 일어나는 동안에도 그는 전혀 불안하지 않았다. 그러나 수축을 겪는 내내 든든한 기분이 들지 않으면, 벽장 문 너머 가까운 곳에 누군가 있다는 걸 알지 못하면, 쉽사리 슬픔에 잠식되어 견딜 수가 없었다.

마지막 상담 후 일 년쯤 지나 또다시 수축의 시간을 맞은

롤런드는 내게 이메일을 보냈다. 내게 연락할 수 있다는 사실을 아는 것만으로도 그에게는 위안이 되었다. 이번의 수축은 한 동료에게 연애 감정이 생기면서 촉발되었다. 수전과 잭슨을 배신한 것만 같은 느낌이 들면서 롤런드는 의구심에 빠졌다. 이 기간에 롤런드는 몇 번 나를 찾아왔다. 우리는 몇 주에 걸쳐 그 감정들이 강해지다가 차츰 이울어지는 것을 지켜보았다. 결국 그는 좀더 지속적인 감정이 무엇인지 알아채기 시작했다.

2년 후 롤런드는 낸시라는 그 동료와 결혼했고, 결혼식에서 수전과 잭슨을 추모하는 시간도 가졌다. 결혼식 마지막에 수전과 잭슨의 사진을 제단에 올려놓고 그들을 위해 잠시 묵념했다. 롤런드는 그의 죽은 아내와 아들을 존중하려는 낸시의 의지 덕분에 두 사람의 관계가 한층 더 돈독하고 끈끈해졌다고 말했다.

수축이 일어나는 동안에는 우리 곁에 있어줄 사람이 꼭 필요하다. 그래야 고통의 정점에 이르렀을 때 고개를 돌려 그 사람의 연민 어린 눈을 들여다보고 반대편으로 빠져나올 수 있다. 확장이 일어나는 동안에는 수축의 시간을 존중하고 기억하며, 이제까지 수많은 수축을 견뎠고 앞으로 더 견뎌야 하리라는 사실을 되새겨야 한다.

수축만 겪게 될까 봐, 수축의 시간이 영원히 계속되어 고통에 마비된 채 여생을 보낼까 봐 두려울 수도 있다. 더 많이 들이닥칠 고통을 겁내며 사랑과 삶에 도전하지 못하는 산송

장이 되지 않을까 무서울 수도 있다. 그래서 확장만을 갈망하기 쉽다. 하지만 이는 헛된 노력, 망상, 잔꾀에 지나지 않는다. 확장 속에서만 살려 애쓰는 것은 자기기만이자 가식이며, 결국 우리는 자신의 모습에 불만을 품은 채 무감각해지고, 계속되는 가식적인 삶에 지치고 만다.

  자연 만물이 그러하듯 애도는 수축-확장-수축-확장-수축-확장을 반복하며, 이 과정은 아마 영원히 끝나지 않을 것이다. 감정은 움직인다. 우리 안에서 움직이다가 우리 밖으로 빠져나가 타인에게로 전해진다. 분열이 먼저다. 그 뒤에 재통합이 따라온다. 수축이 확장을 가능하게 한다. 이것이 우주의 이치이자 우리 몸의 이치, 우리 마음의 이치이다.

14

사랑과 상실의 충돌

딸이 떠나버릴 수 있음을, 우리의 둔해빠진 몸뚱어리만 남겨둔 채 우리의 삶을 앗아갈 수 있음을 미처 몰랐다네……
이걸 어떻게 이해하지? 무슨 수로 용납하지? 왜 난 강탈당해야 하며, 득을 보는 사람은 누구지?

— 마크 트웨인(소설가)

모린은 내 눈을 들여다보고는 알았다. 그래도 난 모린에게 말해야 했다. 모린은 차 뒷자리에서 내 품으로 파고들어 내 무릎을 끌어안고 흐느껴 울었다. "어떡해, 어떡해, 어떡해, 안 돼, 안 돼!" 우리 둘 다 숨을 제대로 못 쉬었다. 모린의 눈물이 내 셔츠를 흠뻑 적셨고, 셔츠 안으로 스며든 눈물은 내 배로 흘러내렸다. 나는 모린을 끌어안은 채 소리 없이 울었다.
 어머니를 부르며 울부짖는 모린의 몸과 정신과 마음과 영혼은 현실에 저항하고 있었다. 어머니에게 작별 인사를 건네려 15킬로미터를 달려가는 동안 열여덟 살의 모린은 마치 배 속 태아처럼 몸을 웅크려 내게 파고들었다.

그로부터 10년 전, 피닉스의 우리 집 맞은편으로 이사 온 모린의 엄마 테리를 처음 만났다. 우리는 금세 친해져 명절을 함께 보내고, 밤이 깊어지도록 철학, 친절, 사랑, 연민에 대해 이야기 나누곤 했다. 모린은 내 설득에 채식을 고려하기까지 했다.

테리는 40여 년 전 자신이 태어나기도 전에 죽은 언니 캐리를 기리는 뜻으로 MISS 재단*에서 자원봉사를 했다. 테리와 전남편 마이크는 이혼을 결정한 후로도 서로에게 정중하고 협조적이었으며 가까운 친구로 지냈다. 이혼의 슬픔을 겪는 와중에도 서로를 아끼는 그들의 모습이 매우 감탄스러웠다. 그 후로 테리에게 힘겨운 나날이 숱하게 찾아왔다. 혼자 아이들을 키우면서 자연스레 겪게 되는 어려움도 있었고, 자신의 존재 자체에 대한 의구심도 있었다. 내가 세도나로 이사했을 땐 테리가 놀러 와 둘이서 함께 산길을 걷고 장엄한 붉은 바위에 말없이 앉아 있기도 했다.

....

* Mothers in Sympathy and Support(연민과 지지를 보내는 어머니들). 이 책의 저자인 조앤 카차토레 박사가 딸을 잃은 후 설립한 국제 비정부 기구로, 외상적 슬픔에 대한 연구와 의료 종사자 및 지역사회 구성원을 위한 교육을 하고 있다. 또한 어린이의 죽음 또는 임박한 죽음을 애도하는 사람들을 위한 지원 서비스를 제공하고 있다.

한번은 피닉스에 회의차 갔다가 여전히 그곳에 사는 테리에게 커피 한잔하자며 문자를 보냈다. 그러자 이런 답장이 왔다. "정말 미안한데, 몸이 별로 안 좋아. 나중에 보자."
"이런! 아픈 거야?"
"응."
"괜찮아, 얼른 나아! 사랑해!"
이것이 테리와의 마지막 연락이었다.

테리가 심각한 우울증에 시달리고 있었다는 사실을 그땐 몰랐다. 그로부터 몇 주 전 테리는 캘리포니아주의 병원에서 신경안정제를 여럿 처방받았다. 하지만 오히려 절망의 구렁텅이로 더욱 깊숙이 빠지면서 이전에 겪어본 적 없는 낯선 증상들이 나타나기 시작했다. 정좌 불능, 무쾌감증, 비합리적인 생각과 행동, 지독한 불안, 사회적 고립. 무엇보다 마지막 증상이 놀라웠다. 그 수가 많지는 않아도 친구들에게 늘 애착을 갖고 의지하던 사람이 자기 아이들을 보는 것조차 두려워하게 된 것이다.
한 달 후 테리의 전남편에게서 전화가 왔다. "테리가 죽었어요. 자살했어요. 곧장 전화해줘요. 부탁이에요. 최대한 빨리 전화해줘요."
내가 정확히 어디에 서서 이 메시지를 들었는지 기억한다. 나는 고개를 저었다. 메시지를 다시 들었다. 밖으로 나가서 한 번 더 들었다. 나는 머릿속으로 계속 소리 지르고 있었다. '뭐? 뭐라고? 이게 말이 돼!?'

나는 마이크와 통화한 뒤, 수년의 멋진 추억이 어려 있는 옛 동네로 달려갔다. 테리의 집 앞에 차를 세웠다. 익숙한 응급차, 조사관들, 경찰들이 와 있었다. 마이크가 내게 달려왔고, 우리는 부둥켜안고 울었다. 우리는 사막의 냉랭한 공기 속에 부실한 옷차림으로 자정 넘을 때까지 기다렸다. 문득문득 몸에서 혼이 빠져나가는 기분이었다. 테리에게는 세 아이가 있었다. 각각 열두 살, 열세 살, 그리고 장녀인 모린은 열여덟 살이었다. 아이들에게 어머니의 죽음을 알린 사람은 나였다. 우리 모두 가슴이 갈가리 찢겼다.

나는 친구네 집에 있던 모린을 차에 태워 방금 그 아이의 어머니가 죽은 집으로 데려갔다. 무척이나 고통스러운 15킬로미터였다. 모린은 어쩔 줄 몰라 하며 몸을 바르르 떨었다.

"아줌마, 엄마를 보고 싶어요. 보면 안 돼요?"

"그래도 괜찮겠니?"

모린은 보겠다고 고집을 부렸다.

그렇게 밖에서 기다리기를 몇 시간, 마침내 테리가 두툼한 검은색 담요를 덮은 채 들것에 실려 나왔다. 모린은 테리의 가슴에 머리를 살며시 기대었고, 나는 흐느끼는 모린을 껴안았다. 우리가 얼마나 오래 그렇게 서서 테리에게 작별 인사를 했는지 모르겠다. 나는 모린을 재촉하지도 간섭하지도 않았다.

이윽고 모린이 가쁜 숨을 크게 들이마시고 천천히 고개를 들더니 내 가슴에 머리를 기댄 채 차 안으로 실려 들어가는 테리를 지켜보며 훌쩍였다. 모린은 나를 올려다보며 말했다.

"아파요, 아줌마! 마음이 너무 아파요!"
 어머니가 죽었을 때 모린은 아직 어린 나이였지만, 그 아픔이 엄마를 향한 사랑의 진술이라는 걸 현명하게도 알아차렸다. 그날 밤 우리는 잠을 이루지 못했다.

 사랑하지 않으면 상실의 슬픔은 없고, 사랑하면 상실의 슬픔을 피할 수 없다. 슬픔에 마음을 열면, 시간이 흐를수록 슬픔과 사랑의 경계가 흐릿해진다. 사랑과 마찬가지로 슬픔 역시 우리의 마음을 열어젖힌다.
 사람들 사이의 공간을 슬픔이 메운다. 집 안에도 식탁에도 휴가 중에도 교회에도 마당의 그네에도 슬픔의 자리는 있다. 슬픔은 대물림되면서 시간과 공간을 차지한다. 사랑과 마찬가지로 슬픔은 끝이 정해져 있지 않다. 그런데도 많은 이들은 사랑을 반기고 격려하면서 슬픔은 억누르고 감춘다.

15

무한하고 영원한 사랑

상실의 슬픔이 이토록 두려움을 닮았을 줄은 미처 몰랐다.

―C. S. 루이스(작가)

모나의 한 살배기 아들 벤은 어느 날 아무런 예고도 없이 갑자기 집에서 죽었다. 삶은 모나에게 버틸 수 없는 것을 버티라 했다. 죽음은 모나에게 견딜 수 없는 것을 견디라 했다.

어느 겨울날 아침 모나가 나를 찾아왔다. 그날 피닉스는 유난히 추워서 바깥 기온이 7도밖에 되지 않았는데 모나는 탱크톱에 반바지 차림이었다. 모나는 상담실에서 통곡하기 시작했다. 흡사 창자가 끊어지는 고통에 몸부림치는 짐승의 울부짖음이었다. 모나가 바닥으로 쓰러지자, 나는 그 원초적인 광경에 끼어들지 않고 그저 모나의 곁으로 갔다. 그렇게 거의 한 시간이 흘렀다.

"못하겠어! 안 되겠어요!"

모나는 이렇게 말하고는 돌아가 자신이 통곡했던 상담실에 한동안 오지 않았다. 우리는 몇 번 통화했지만 모나를 다시 만난 건 이듬해 5월 어머니날 직전이었다.

"진절머리가 나요." 모나는 진부해빠진 말로 이래라저래라 조언하며 점점 더 압박을 가하는 사람들 때문에 지쳐가고 있었다. 다시 아기를 가져, 신의 뜻이야, 무슨 일이든 다 이유가 있는 거야. 큰아이가 죽지 않은 걸 고마워하라고 말하는 사람까지 있었던 모양이다.

이런 말들은 기본적인 연민의 법칙을 거스른다. 벌어진 상처에 아무 효험도 없는 반창고를 붙여주는 셈이다. 당연히 모나의 외로움과 절망은 점점 더 깊어져만 갔다.

모나는 아들을 사랑하고, 아들을 생각하고, 아들을 걱정하고, 아들에게 말을 걸고, 아들과 함께 걷는다. 왜 '떨쳐내야' 하는가? 모나는 아들과의 인연이 무한하고 영원하다는 걸 알고 있다. 누군가가 벤을 추억하면 헤아릴 수 없이 슬프면서도 반가운 마음이 든다.

어머니날에는 자식을 잃은 어머니가 가장 힘들 것이다. 그들도 어머니로서 인정받아야 마땅하다. 첫해에 나와 모나는 어머니날 카드를 함께 골랐다. 벤이 살아 있다면 모나에게 선물했을 카드를. 모나는 부모님에게 벤을 추모하는 의미로 기부를 부탁했다. 어머니날이 올 때마다 모나는 되새길 것이다. 난 여전히 벤의 엄마야, 여느 엄마들처럼 인정받을 자격이 있어. 슬프게도 많은 친구들이 계속 모나를 간과하거나 두려운 나머지 그 단순한 인정마저 해주지 못했다.

나 역시 모나와 같은 경험을 숱하게 했다. 나를 위로한답시고 남들이 던지는 무신경한 말들이 더 큰 고통을 안기고 내 자신감을 갉아먹었다. 그래도 나는 일기를 쓰며 속으로 되새겼다. "가끔은 존재하는 것만이 내가 할 수 있는 일이다." 더러는 슬픔 속에, 더러는 나약함 속에, 더러는 고통의 고치 속에 그저 존재할 수밖에 없다. 아니면, 존재하기를 멈추고 속 빈 껍데기, 철저한 무(無)가 되든가.

당시에 슬픔보다 더 두려운 것이 단 하나 있었는데, 내가 없어져버리는 것이었다. 내가 존재하지 않으면 더 이상 샤이엔을 추억할 수 없으니까. 그래서 나는 특정한 상태에 있거나 감정을 느끼려 애쓰지 않고, 모나처럼 순간순간 현재를 충실히 사는 연습을 했다.

슬픔이라는 감정은 두려울 수 있다. 왜 아니겠는가? 슬픔에 깊이 빠진 채 거울을 들여다보면, 우리가 알았던 예전의 우리가 아닌 다른 사람이 보인다. 이 변한 모습을 우리는 알아볼 수 없다. 예전의 삶, 예전의 우리가 그리워진다. 의미와 소속감을 되찾고 싶은 마음이 간절해진다.

그 열망은 채워지지 않는다. 그리고 그 헛헛함 때문에 우리는 사람 모양으로 난 구멍을 채우려 부질없이 시도한다. 딴 곳으로 한눈을 팔며 감정을 피하는 것도 공허한 마음을 채우려는 몸부림이다. 유일한 대안은 슬픔과 함께하는 것이다. 고통스럽고 두려운 순간을 하나씩 하나씩 받아들이며.

16

슬픔을 의인화하기

우리는 문제가 생기면 해결하는, 그것도 빠르게 해결하는 쪽을 선호한다. 그러나 해결이 곧 치유는 아니다. 도리어 치유에 방해가 되기 십상이다. 치유는 행동이 아닌 감정을 통해 이루어진다.

― 엘리오 프라타롤리(정신과 의사)

"저 좀 도와주세요. 죽을 것 같아요. 제발 도와줘요!" 전화기 너머의 목소리가 애원했다. "남편…… 남편이 죽었어요. 내 영혼의 단짝…… 난 그이 없이는 못 살아요." 우리는 바로 다음 날 만나기로 약속을 잡았다.

제니퍼가 상담실로 들어왔다. 큰 키에 날씬하고 눈부시게 아름다운 제니퍼는 예전에 할리우드 배우로 활동했다는데, 절로 고개가 끄덕여졌다. 그렇게 속이 무너져 내린 상황에서도 강력한 카리스마를 뿜어내고 있었다.

30년간 행복한 삶을 함께 누려오던 남편이 충격적인 죽음을 맞았다. 제니퍼는 걸핏하면 온몸을 바르르 떨며 흐느껴 울었다. 계속 살아가지 못할까 봐, 살고 싶지 않을까 봐 두려워하고 있었다. 몇 차례 만나고 나서야 나는 제니퍼가 슬픔과 어떤 싸움을 벌이고 있는지 이해하기 시작했다.

우리는 눈물을 '나쁜' 것으로, 눈물의 부재를 '좋은' 것으로 판단하려는 제니퍼의 성향에 대해 거듭 이야기를 나누었다. 가끔 제니퍼는 통찰력을 발휘하여 새로운 깨달음을 마음속 깊이 받아들이는 모습을 보였다. 그러다가도 다음 날이나 며칠 후 또 기분이 '나빠지면' 혼란과 절망 속에 내게 전화했다.

다섯 번째 만남에서 나는 제니퍼에게 일명 의인화 훈련(personification exercise)을 권했다. 자신의 슬픔이 어떻게 생겼고 어떤 감정을 느낄지 상상하여 영화나 대본 속의 캐릭터로 만들어보는 훈련이다. 다음 상담에 제니퍼는 이야기 한 편을 가져왔다.

제니퍼는 자신의 슬픔을 의인화한 캐릭터 헬가를 소개했다. 헬가는 잿빛 머리털이 듬성듬성하고, 이가 썩고, 피부가 푸석푸석하고, 안색이 칙칙한 꼬부랑 할머니였다. 끝단이 너덜너덜 해어진 시커먼 누더기를 입고 있었다. 헬가는 "너무 늙고 지치고 슬픔의 무게에 등이 굽어서 잘 못 걸어요. 발을 땅에서 떼지도 못하고 질질 끌고 다니죠."

헬가는 무너져 내리고 있었다.

자신의 운명을 스스로 결정할 수 있다고 믿는 아름답고 강단 있고 독립적인 여성 제니퍼가 추하고 나약하고 궁색하고 자기 앞가림도 못하는 헬가로 변해가고 있었다. 자기 정체성이 확고하고, 두려움이라곤 없이 매력 넘치던 제니퍼와는 딴판이었다. 이런 불안에 남편 제프를 잃은 원초적 슬픔까지 더해졌으니, 감정적으로 끊임없이 난타당하고 기진맥진 나가떨어질 만도 했다.

제니퍼는 헬가에게 잘 저항했지만, 헬가는 끈질겼다. 그 후 아홉 달 동안 제니퍼와 나, 그리고 헬가는 이 슬픔 프로젝트를 함께 진행했다. 헬가가 우리 삶에 들어온 후 처음 몇 번의 상담에서 제니퍼는 헬가를 끼워주지 않으려 했다. 대신에 헬가의 잔학성을 열거하곤 했다. 초대하지도 않았는데 무작정 쳐들어와서 물건들을 부수고 집을 망가뜨려놨다고 말이다. 한번은 제니퍼가 뉴욕에서 더없이 즐거운 시간을 보내고 있을 때 헬가가 들이닥치기도 했다. 몇 주 동안 제니퍼는 헬가의 무단침입에 계속 저항했다.

제니퍼가 상상하는 헬가의 집은 귀신이라도 튀어나올 것처럼 으스스하고 축축한 곳이었다. 그 집에서 헬가는 대개 커튼을 치고 의자에 홀로 앉아 있었다. 어느 날 나는 제니퍼에게 헬가의 집에 가면 어떻겠냐고 물었다. "한번 찾아가서 차라도 같이 마시면 어때요?" 처음엔 터무니없는 제안이라 여기던 제니퍼도 호기심을 느꼈는지 마침내 동의했다.

다음 주, 제니퍼와 헬가는 상담실에 함께 왔다. 헬가는 아무 말 없이 그저 지켜보며 귀를 기울였다. 제니퍼는 헬가의 집에 갔었지만 너무 무서워서 머물지는 못했다고 했다. 그러나 그 후 여섯 달 동안 제니퍼와 헬가는 관계를 구축해갔다. 결국 제니퍼는 "헬가가 나를 속속들이 알고 있어요"라고 말했다.

드디어 제니퍼와 헬가는 헬가의 집에서 난롯가에 함께 앉아 차를 마시며 서로를 알아가는 시간을 가질 수 있게 되었다. 잠깐 멈추고, 느끼고, 헬가의 곁에 머무는 법을 배우면서 제니퍼의 두려움도 사라지기 시작했다. 헬가가 덜 위협적으로 보이기 시작했다.

어느 날 제니퍼가 아주 흥분된 목소리로 전화를 걸었다. "무슨 일이 있었는지 아세요? 헬가가 확 변했어요!"

헬가는 갑자기 등이 꼿꼿해지고 새까만 머리카락이 자랐다. 심지어 새 옷을 입고 얼굴 마사지까지 받았다. 제니퍼가 헬가에게 느끼는 저항감과 두려움이 줄어들자 헬가는 자애로운 옛 친구 모습의 슬픔으로 변해갔다.

헬가가 변화할 준비가 되었을 때 제니퍼는 헬가를 도왔다. 하지만 헬가를 있는 그대로 받아들이는 방법부터 먼저 배웠다. 헬가가 상징한 것은 슬픔만이 아니었기 때문이다. 헬가 역시 제프를 사랑했다.

17

슬픔과 함께 잠시 멈추기

깨어남은 이기적인 행복 추구가 아니다. 모든 존재를 위해 내면으로부터 취하는 혁명적 자세이다.

―노아 러바인(불교 교사)

나는 세 아이와 함께 디즈니랜드에서 '이상한 나라의 앨리스'라는 놀이기구 앞에 서 있었다. 안내판에는 "3세 이상 탑승 가능합니다"라고 적혀 있었다. 샤이엔이 살아 있었다면 그해 여름 세 살이 됐을 터였다.

가슴이 철렁 내려앉고, 높은 곳에서 떨어지는 것처럼 배 속이 울렁거렸다. 나는 슬픔에 얼어붙었다. 둘째 아이 캐머런이 내 얼굴을 보더니 물었다. "엄마, 괜찮아요?" 처음엔 아이의 말이 들리지 않았다. 내 온 신경이 안내판에 붙들려 있었다.

내 머릿속은 부질없는 회한과 가정으로 가득 찼다. 샤이엔도 여기 있어야 하는데. 샤이엔이 여기 있으면 훨씬 더 즐거울 텐데. 내가 샤이엔을 구할 수만 있었더라면.

캐머런이 다시 물었을 때 나는 퍼뜩 정신을 차렸다.

"어, 응." 나는 중얼거렸다. "그냥…… 좀…… 네 동생이 보고 싶어서. 여기 있으면 너희랑 같이 탈 수 있을 텐데." 내 눈에서 눈물이 흘러내렸다. 세 아이 모두 나를 쳐다보았고, 나는 사과했다.

물론 아이들은 내게 다정하고 상냥했다. 샤이엔이 죽은 후 우리는 마음을 터놓는 시간을 여러 번 가졌다. 이번 일로 아이들과 나는 상실의 슬픔에 관해 또 한 가지를 배웠다. 슬픔은 우리를 따라다닌다는 것.

집에 있을 땐 그 빈자리가 느껴져 샤이엔이 그리웠다. 집을 떠나 있을 때도 샤이엔이 그리웠다. 내 생이 다할 때까지 다양한 형태로 수많은 상황에서 샤이엔이 그리울 것이다.

결국 나는 아이들에게 잠깐 앉아 있으면 안 되겠느냐고 물었다. 우리는 벤치에 앉았다. 캘리포니아의 그 화창한 날, 내가 흘리는 눈물을 아이들은 참아주었다. 나는 이제 막 세 살이 되어 언니, 오빠들과 놀이기구를 탈 수도 있었을 딸아이를 애도하며 고통 속에 머물렀다. 주의를 집중하자 감정이 서서히 사그라지면서 괜찮아졌다. "자, 이제 타러 갈까?"

아이들은 시선을 주고받다가 나를 쳐다보았다. 나는 눈과 코가 벌게진 채로 아이들에게 미소 지었다. 맏이인 아리가 말했다. "꼭 타지 않아도 돼요, 엄마."

하지만 난 정말 아이들과 놀이기구를 탈 준비가 되어 있었다. 그렇게 우린 놀이기구를 타며 함께 웃었다. 그러는 순간에도 나는 샤이엔의 부재를, 샤이엔이 이 모든 걸 놓치고 있음을 의식하고 있었다.

나중에 매표소에 가서 다른 누군가의 아이를 위한 어린이 입장권 한 장을 익명으로 구매했다. 슬픔을 덜기 위해서가 아니라, 다른 누군가에게 손을 내밀어 샤이엔의 사랑을 세상에 전하기 위해서였다. 먼저 슬픔과 함께했기에 할 수 있는 일이었다.

우리는 잠시 멈추어 슬픔과 함께하면서 행복을 지상 최대의 목표로 삼는 쾌락주의 풍조에 대항하고, 우리가 느껴 마땅한 감정을 되찾는다. 우리는 감정을 길들이거나 바꾸거나 다른 것으로 대체하지 않고, 그저 현재의 감정 속에 머무는 법을 배운다.

사회의 모든 세력이 힘을 합쳐 슬픔을 억누르고 이겨내고 정복하려는 때 이런 생각은 철저히 반문화적이고 혁명적이기까지 하다. 행복이란 모두가 추구해야 할 목표, 보증서, 권리이며, 자신의 행복을 확보하는 것이야말로 삶의 가장 중요한 목적이라는 생각을 우리는 거부한다.

그렇다면 상실 후 지진과도 같은 충격에서 벗어났을 때, 슬픔과 함께 잠시 멈추기는 어떤 모습으로 이루어질까? 이 혁명의 기본 신조는 자기 인식, 감정적 투명성, 자기 연민을 기르는 것이다. 그 과정은 고통스러울까? 물론이다. 이루 말할 수 없이 고통스럽다.

그래도 우리는 고통과 함께 머무는 법을 서서히 배워나간다. 견디기 위해 억지로 고통을 억누르지 않아도 된다는 걸 배워나간다. 이런 식으로 애도를 이해하면, 사람마다 지문이 다르듯 '애도 지문'—개인적인 애도 과정—도 다르다는 깨달음과 함께 해방감을 얻을 수 있다.

애도 반응에는 슬픔과 절망뿐만 아니라 광범위한 감정이 연관된다. 가령 외롭다고 느끼면 우리는 그 감정을 부인하거나 억제하거나 곁눈을 팔기보다는 잠시 멈추고 눈에 보이는 그 감정과 함께 머문다. 현재의 감정을 바라보며 우리는 고통과 불안 속에서도 깨어 있고 자각한다. 가만히 지켜보면, 더 격해지든 이울든 감정은 변화하기 시작한다. 우리는 변화를 알아차리고 계속 거기에 머문다.

감정에 안착하고 나면 저항감이 누그러진다. 그땐 뭔가 다른 일을 해볼까 하는 마음이 든다. 믿음직한 친구에게 연락한다든가, 아끼는 반려동물과 논다든가, 산책을 한다든가. 그러나 외로움에 응하여 무슨 일을 하든, 고민 없는 충동이 아니라 의식적인 의도로 행해진다. 고통스러운 감정 안에 오롯이 머물면 적응하고 수용하기가 수월해진다. 감정에 좀 더 익숙해지고, 고통이 줄어들진 않아도 거기에 덜 휘둘리게 된다.

슬픔은 어린 시절 벽장 속의 괴물과 같다. 용기를 내어 침대에서 나가 불을 켤 수만 있다면, 그 괴물이 실은 그리 무섭지 않고 내가 상상했던 것과 다르다는 걸 깨닫게 된다. 벽장에 숨어 있는 괴물을 본 후 나는 침대로 돌아가 어둠 속에서 다시 괴물의 시선과 마주한다. 이렇게 자주 반복하다 보면 괴물에 대한 신뢰까지 생겨난다. 나는 그 괴물이 나와 별개의 존재가 아님을 이해하기 시작한다. 그는 나의 일부, 내 정신의 일부이다.

  자신을 잠식할 것 같은 감정과 함께 머물기를 연습하면 할수록 자신의 능력을 믿고 슬픔을 오롯이 받아들일 수 있게 된다. 그렇게 받아들이고 나면, 한결 편안하게 감정 속에 머물며 감정이 우리 속을 누비고 다니도록 허용할 수 있다. 이런 순환을 통해 우리는 자기 존중, 자기 신뢰, 자기 연민을 잃지 않고, 우리의 진실한 감정을 받아들인다. 슬픔이 언제 나타나든 그것을 담을 수 있는 공간이 우리 안에 생긴다.

18 감정과 함께하는 연습

고통의 치유는 고통 속에 있다.

―루미(시인)

슬픔이 밀려들고 밀려나갈 때, 고개를 돌리거나 다른 감정을 꾸며내지 않고 있는 그대로의 감정을 허락하면, 창의적이고 건강한 방식으로 감정을 표현할 수 있다. 감각에 집중하며 걷기, 말하기, 명상, 기도, 독서, 원예, 요가, 요리, 하이킹, 바느질, 뜨개질, 공예 같은 사색적인 활동을 하거나, 자연 속에서 시간을 보내거나, 예술 작업을 하는 것도 좋다.

내 경우에는 주변의 자연을 가만히 바라보는 시간이 큰 도움이 된다. 구름을 올려다보고, 바람에 흔들리는 잎사귀들을 보고, 너울거리는 모닥불을 지켜보고, 분수대에서 뿜어져 나오는 물이나 개울에 흐르는 물의 움직임을 관찰하고, 자그마

한 땅을 응시하며 평소에는 감지하기 어려운 미세한 움직임을 주의 깊게 눈에 담는다.

내면의 슬픔에 집중하기 위해 내가 사용한 또 다른 도구는 감정 일기이다. 그날그날 뭘 했는지 기록하는 것이 아니라, 그날 느낀 감정들을 정리하는 데 초점을 맞춘다. 내가 아는 한 여성은 그날 자신이 느끼는 감정을 닮은 듯한 돌을 모은다. 가끔은 돌을 집에 가져가 현재의 감정을 표현하는 색깔로 한쪽 면을 칠한다. 또 어떤 사람은 죽은 아들과의 영원한 연결을 상징하는 감정적 부적으로 잠자리 토템 조각상을 수집한다. 이렇듯 유형의 사물을 통해 슬픔의 중심부를 외면화할 수도 있다. 그리고 마음껏 슬퍼하는 것 자체가 계획했든 무의식적이든 하나의 활동이다.

고등학교에 진학한 직후 어머니를 암으로 잃은 10대 소녀 테이텀은 어머니를 가까이 느끼고 싶을 때면 특별한 가족사진들이 담긴 상자를 꺼내보곤 했다. 어머니가 죽기 전 함께 작성한 어머니의 애창곡 리스트에 담긴 곡을 연주하기도 했다. 그러면 더 슬퍼지고 눈물이 난다는 걸 알지만 오히려 반가웠다. 그 시간 동안 바로 곁에 앉은 엄마에게 위로받는 듯 그 어느 때보다 엄마가 가깝게 느껴졌기 때문이다. 엄마를 추억하면 "마음이 정화되는 듯한 고결한 눈물"을 흘릴 수 있다는 걸 테이텀은 직관적으로 이해했다.

생화학적으로 보자면, 울음은 스트레스를 덜어주는 안전판 역할을 한다. 감정이 북받쳐 흘리는 눈물은 눈에 자극이

가해져 흐르는 눈물, 혹은 눈 깜박임이나 이물질 제거를 돕는 눈물과 다르다. 과학자들은 감정에 기인한 눈물의 단백질 농도가 24퍼센트 더 높다는 사실을 발견했다. 그 단백질 성분 중 하나인 부신피질 자극 호르몬은 고통스러울 때 스트레스 조절 호르몬을 분비하라는 신호가 부신에 보내지면 다량 생성되어 분비된다.

어린아이들이 당연한 듯 툭하면 우는 것도 이 때문일 것이다. 울음은 불만이나 부담을 덜 수 있는 수단이기에. 그래서 테이텀은—우리 모두 그러하듯—어머니를 추억하며 한참 실컷 울고 나면 '마음이 정화되고' 평온해졌던 것이다.

19

내 마음은 많은 눈물을 흘렸다네

성스러운 곳은 여전히 성스러울 뿐,
부재나 고통도 우리의 사랑을 꺾지 못하니.
죽음은 우리의 사랑을 훼방했을 뿐,
세상이 계속되는 한 그대를 다시 만나리.

― 낸시 우드(시인)

어느 날 새벽 3시쯤 한 피마족* 어머니의 절박한 이메일을 한 통 받았다. 얼마 전 여섯 살배기 아들이 살해되었다고 했다. 처음에 우리는 이메일만 주고받았고, 실제로 만나기 전 일주일가량은 계속 그런 식으로 소통했다. 그 일주일의 막바지에 그는 이렇게 썼다.

....
* 미국 애리조나주 중남부에 주로 사는 원주민 집단.

아들과 영원히 함께 있는대도 성에 차지 않을 거예요. 아들이 영원히 내 곁에 있는대도 모자라요. 지금 내 심정이 그래요. 날이 갈수록 점점 더 많은 기억이 몰려와서 마음에 홍수가 일어나는 것 같아요. 선선한 아침 공기를 맞으면, 잠에서 깨어날 때마다 옆에 누워 있던 아들의 감촉이 떠올라요. 아, 그렇게나 가까이 있었는데. 부엌에서 아들이 좋아하는 프렌치토스트를 만들고 있으면 아들이 발을 질질 끌며 복도를 걷는 소리가 들렸죠. 발까지 감싸는 작은 잠옷을 입었거든요.

오늘은 파우와우*에 다녀왔어요. 아들이 살아 있다면 내 곁에 있었겠죠. 우리는 애리조나주, 노스다코타주, 뉴멕시코주, 캘리포니아주에서 열리는 파우와우를 두루 찾아다녔어요. 아들은 춤을 좋아했고 북도 쳤어요. 우리는 가장 강력하고 긍정적인 도구인 북을 아이들이 체험하게 해주거든요. 그리고 당연히 아들은 우리 부족을 사랑했답니다. 강한 줄로만 알았던 우리 가족이 제이컵에게 일어난 일을 슬퍼하거나 당혹스러워하면서도 남부끄럽다고 생각하는지 감정을 숨기는 것 같아 힘듭니다. 그래서 가슴 아프지만 제이컵의 죽음만큼은 아니에요. 내 영혼은 부서지고 마음은 산산조각났어요. 지금 이 순간을 견딜 수가 없어요.

....
* Powwow. 아메리칸 인디언들의 연례 축제 행사. 노래와 춤을 통해 전통을 기리고 부족들 간의 우정을 다진다.

선생님께는 "Sap and en ta:t mapt am ab ju i:da hen vehejed(정말 큰 도움이 됐어요)"라고 말씀드리고 싶습니다. 격한 감정에 빠져 허우적대는 저를 어루만져주셨어요. 고맙습니다.

일주일쯤 뒤 그는 내가 이끄는 지지 모임에 나왔다. 나는 북받치는 감정으로 힘들 그의 곁에 앉았다. 우리는 그 후로도 날마다 이메일을 주고받았다. 그는 불안감 없이 슬픔과 함께하는 법을 찾으려 애쓰고 있었다. "많이 힘들어요. 선생님을 믿으니까 말씀드리는 거예요." 나는 아메리칸 인디언의 장례 전통을 알려달라고 부탁했다. 그는 전통적인 방식으로 아들에게 작별 인사를 하고 싶었지만, 아이가 살해당했기 때문에 그러지 못했다.

몇 주 후 그는 애도 작업의 일환으로 아들에게 보내는 편지를 썼다.

내 이야기를 들어주렴. 사람들은 나를 노우치라고 불러. 나는 원주민이고, 두 영혼을 가졌고,* 내 마음은 많은 눈물을 흘린단다. 내 이름은 우리말로 '사랑하는 친구'라는 뜻이야. 나는 고모와 아버지한테 우리 전통을 배웠어. 내 아들, 내 아기, 내 소중한 제이컵, 너를 제대로 떠나보내지 못한 것이 애석하구나. 편하게 떠날 수 있게 해주지 못한 것이, 네 영혼이

....
* 아메리칸 인디언 문화에서 남성성과 여성성을 모두 가진 존재를 말한다.

고통으로부터 벗어나, 네 눈에 비친 두려움으로부터 벗어나 높이높이 날아오를 수 있게 해주지 못한 것이 애석해. 너를 안고, 네 눈물을 닦아주고, 내가 너를 얼마나 사랑하는지 말해줄 수 있다면 얼마나 좋을까. 내가 매 순간 너를 생각한다는 걸 알아줘. 절대 이 세상이 너를 잊게 내버려두지 않을게.

그리고 나중에 노우치는 내게 부족의 전통을 알려주었다.

원래는 이렇게 됐어야 했어요.
내가 제이컵 곁을 지키다가 제이컵을 어르신들에게 데려갑니다.
그리고 어르신들이 가르쳐주시는 방법대로 아이의 몸을 씻겨요. 아이의 영혼이 안전하고 자유로워지도록, 아이의 여정이 계속되는 동안 아이의 영혼이 보호받을 수 있도록 씻어줘야 하거든요.
나는 계속 제이컵 곁을 지키다가 해가 뜨면 제이컵을 담요로 감싸요. 그러면 주술사가 와서 제이컵을 축복하고, 제이컵과 내 몸에 향을 피우죠. 귀하디귀한 내 아기, 네 미소, 네 웃음이 너무나 그립구나. 내 목을 감싸 안던 네 팔이 그립구나. 네 심장 박동이 느껴져.
우리의 장례법은 간단합니다…… 땅에 묻어요. 우리 모두 땅에서 왔으니 그곳으로 돌아가야죠. 묘비 같은 건 세우지 않고요. 고인을 기리는 전통 노래를 불러요. 북소리를 들으며 그 박자를 느끼면, 내 마음 깊숙한 곳에서 고인을 추모하는 또렷한 말들이 들립니다.
이중 어떤 것도 하지 못했어요…… 그래서 내가 이토록 괴로운 겁니다……
내 나름의 방법을 찾아서 이 일을 받아들여야겠죠. 가능할지 모르겠어요. 오늘은 힘드네요. 눈물이 흐르고 또 흐릅니다. 오늘 난 무척 슬퍼요. 나는 어떻게 되는 걸까요? 사랑하는 아이를 잃고도 계속 살아갈 수 있을까요?
사람들은 나를 노우치 하시크라고 부릅니다. 나는 원주민이고, 두 영혼을 가졌고, 내 심장은 부서졌어요.

나는 노우치를 치유하거나 바꾸려 하지 않고, 해답 없는 문제에 해답을 제시하지도 않았다.
노우치와 나는 지금까지 몇 년째 애도 작업을 진행하고 있다. 더없이 전통적인 방식으로. 애도 의식, 혼자만의 명상 시간, 이야기하기는 슬픔과 함께하는 강력한 수단이 되었다.
노우치는 부족 전통에 따라 호리병박에 무늬를 새겨 넣고, 영혼 막대기*를 만들고, 가슴 절절한 시를 써서 아들을 불러내고 애도했다. 노우치가 제이컵에게 쓴 시들 중 한 편을 여기 소개한다.

---

* spirit stick. 아메리칸 인디언의 전통 공예품으로, 나무 막대기에 깃털과 구슬 등을 장식하고 색칠하여 만든다. 자연을 경외하는 그들 문화를 대변한다.

만들기

이렇게 나무에 가죽을 두르며
내 손 안에 있던 네 손을 기억한다
너와 나의 손가락이 뒤얽혔었지
너를 붙잡을 수만 있다면 나도 서슴없이 그곳으로 뛰어들리라는 걸 너는 알는지?
내가 손을 들어 가리키는 네 방향, 내가 응시하는 구름, 내 살갗을 스치는 바람
이 모든 건 너여야만 한다
너를 붙잡을 수만 있다면 나도 서슴없이 그곳으로 뛰어들리라는 걸 너는 알는지?
세차게 흘러가는 물에서 네 목소리가 들리고
눈부신 햇빛 속에 네 모습이 있다
이 모든 것의 아름다움에 난 그저 무릎 꿇을 뿐
너를 붙잡을 수만 있다면 나도 서슴없이 그곳으로 뛰어들리라는 걸 너는 알는지?
너의 네 방향을 내 영혼으로 감쌀 때
달은 너를 위해 빛나고 하늘엔 별들이 반짝인다
너를 붙잡을 수만 있다면 나도 서슴없이 그곳으로 뛰어들리라는 걸 너는 알는지?

3년 전쯤 노우치는 제이컵이 묻힌 묘지 옆 강가에서 꺾은 나무로 영혼 막대기를 만들어 내게 주었다. 제이컵이 묻히던

날 함께 묻었던 것은 1주기에 다시 파냈다.

  노우치가 내게 준 막대기에는 끈들이 감겨 있는데, 상징적인 의미의 구슬을 꿴 이 끈들은 각기 네 방향을 의미한다. 나는 그 막대기를 눈에 잘 띄는 곳에 두었다. 노우치와 함께 제이컵을 기억하기 위해.

20

맨발로 걷기

여린 두 발이 칼날에 베이는 듯 아팠지만 인어공주는 아무렇지도 않았어요. 마음이 더 아팠거든요.

— 한스 크리스티안 안데르센(작가)

슬픔과 함께하고 싶을 때면 나는 맨발로 산길을 걷는다. 대개는 혼자, 말없이. 이 방법의 효험을 알아차린 것은 2007년 세도나에 있는 집 부근의 브루어 트레일을 걸었을 때였다. 스트레스 가득한 한 주를 보낸 후라 신경이 곤두서 있고 정신이 산만한 날이었다.

바로 전날에는 아이를 잃은 여덟 가족을 만났었다. 손에 만져질 듯 생생한 슬픔이 내 온몸을 관통했고, 그들의 고통을 알기에 나는 절망했다. 그 고통에는 약도 없고, 그것을 표현할 시구도 없고, 내가 행할 수 있는 치유법도 없었다. 그래서 나는 자연 속으로 걸어 들어갔다. 자연의 마법은 늘 경외감을 자아냈다.

하지만 이날은 남들과 나눈 진한 슬픔을 얄팍한 잡념으로 떨쳐내며 내 감정을 끊어냈다. 그러자 전날 너무 많이 만났던 유가족들에 대한 걱정이 사그라들었지만, 새소리를 전부 놓치고 말았다. 구름과 떠오르는 태양도 놓쳤다. 만자니타 나무도, 사와로 선인장 잎들 사이에 자란 조그만 데이지도 놓쳤다.

나는 그곳에 없는 거나 마찬가지였다. 하이킹 코스 꼭대기까지 3킬로미터 넘게 걷고 나서도 거기까지 어떻게 왔는지 전혀 기억이 나지 않자 그제야 아차 싶었다. 무언가에 정신이 팔려 내 몸도 의식하지 못하는 건 내가 원하는 삶의 방식이 아니다. 그래서 나는 15세기 맨발의 카르멜회 수도사들을 흉내 내어 내려갈 때는 맨발로 걸었다.

한 달에 한 번꼴로 이렇게 맨발로 걷는데, 그럴 때마다 고통스러운 순간이라도 현재에 집중해야 한다는 가르침을 얻는다. 길 위의 시원하고 매끄러운 돌에 고마움을 느낄 수 있다는 가르침을 얻는다. 주의를 기울이면 선인장 가시를 피할 수 있고, 발가락 사이에 돌멩이가 끼면 아프다는 가르침을 얻는다. 다음 모퉁이 너머를 항상 볼 수 있는 건 아니지만 이 길에서는 나를 믿을 수 있다는 가르침을 얻는다. 여러 번 지나치면서도 제대로 보지 않았던 노간주나무처럼, 기대하지 않았던 무언가에 가끔은 기대어도 좋다는 가르침을 얻는다. 그리고 내가 쉴 그늘을 만들어주는 것은 내가 아닌 다른 누군가라는 가르침을 얻는다.

　이토록 은유가 넘쳐나는 맨발로 걷기는 내게는 강력한 도구이다. 나와 애도 작업을 함께한 사람들 중 다수가 맨발로 걷기를 그들만의 애도 의식에 다양한 방식으로 접목했다.

　맨발로 걷기는 내가 슬픔과 함께하는 한 방법이다.

21

자기 돌봄의 중요성

> 애도는 영원한 그리움으로 변한 사랑이다. 몇 시간, 며칠, 몇 분 만에 끝낼 수 없다.
>
> —로저먼드 럽턴(작가)

애도의 여정에서 잠시 숨을 돌릴 때면 우리는 자아에 안착한다. 그리고 우리 자신의 내면에 집중한다. 상실의 슬픔은, 트라우마가 더해진 슬픔이라면 더더욱 자아에 상처를 입힌다. 크게 다쳤을 때 살아남으려면 상처 입은 곳에 집중해야 하는 법이다.

몇 년 전, 사고로 아들을 잃은 젊은 아버지 존을 만났다. 존이 해외로 파병 나가 있는 사이 그의 아들이 미국에서 죽었다. 집에서 수천 킬로미터 떨어진 곳에서 아들의 사망 소식을 듣고 그가 느꼈을 암담함을 상상해보라. 존은 문자를 받고 통화를 하고 비행기를 타고 미국으로 돌아오는 내내 마치 꿈을 꾸듯 그 모든 일이 비현실적으로 느껴졌다고 말했다.

처음에 존은 오로지 아내에게만 집중하며 그에게로 향하는 연민을 거부했다. 자신의 슬픔을 보살피지 못한 그는 시간이 흘러 폭음을 하기 시작했다. 직장을 잃었고 결혼 생활도 거의 파탄 났다. 존이 나를 찾아온 것은 부부 관계에 대한 고민 때문이었다. 그의 아들이 죽은 후 초기에 있었던 일을 이야기할 때, 존은 너무 두려워 마음껏 고통스러워하지 못했다고, 아들이 죽은 후로 술을 마시고 외도를 했다고 말했다.

사별 초기의 외상적 슬픔은 몸에 난 상처나 다름없다는 이야기를 할 때, 존은 이를 군복무의 맥락에서 이해했다. "전장에서 폭탄이 터져 다리나 팔을 잃는다면 나 자신에게 집중해야겠죠." 그는 제대로 이해했다. 자기에게 집중하는 것이 명예롭고 적절한 대처일 수도 있음을 알았다. 애도 중인 그는 자신의 상처를 (아마도 제일 먼저) 보살펴야 했다. 결국 자신을 잘 돌봐야 남을 더 잘 돌볼 수 있다. 통절한 슬픔 속에서 스스로를 돌보는 것은 이기적이기는커녕 영웅적인 행위이다. 내면을 들여다본다는 건 바로 이런 것이다.

내면을 들여다보고 자신에게 집중하며 스스로를 돌본다고 해서 영원히 그 자리에 머무는 건 아니다. 이것 또한 변한다. 시간이 흐르면서 자신과 타인 사이를, 마음의 안과 밖 사이를 계속 오가게 될 것이다.

그러니 애도하는 이들은 재애도(re-grieving)의 날을 맞을지도 모른다. 몇 달, 몇 년, 수십 년 후의 어느 특별한 날이나 명절 혹은 별다른 계기 없이, 예전의 그 통절한 슬픔이 다시금 찾아들 수도 있다는 뜻이다. 이런 재애도의 날에 슬픔이 또다시 전면으로 나서면, 평소보다 눈물이 많아지고 마음이 약해지고 민감해진다.

이렇게 슬픔이 전면으로 나온다 싶으면, 내면을 들여다보고 그 순간에 집중해도 좋다. 아니, 꼭 그래야 한다. 그러면 자기 돌봄의 필요성을 다시금 깨닫게 된다. 애도하는 이들에게 자기 돌봄은 아주 중대하다. 타협의 여지 없이 반드시 해야 한다. 감정과 단절되면 몸과도 단절될 수 있다. 그 반대도 마찬가지다. 감정은 그저 외떨어진 감정적 감각만이 아니다. 감정은 몸의 감각, 인지 작용, 사회적 교류, 실존적 불안감 표출, 더 나아가 감정에 대한 생각에까지 영향을 미친다.

나와 애도 작업을 함께했던 이들 중에는 자기 돌봄이 방종은 아닐까 염려하는 사람도 있었다. 이런 시각의 틀을 바꾸기 위해 나는 독감을 사례로 이용한다. 독감에 걸리면 나는 침대에 누워 쉬면서 외부 세계에 쓰던 에너지를 거둬들이고, 면역력을 높이는 허브차를 마신다. 커튼을 치고, 이불을 덮고, 몸이 치유될 시간을 갖는다. 다른 이들도 내게 시간을 주어야 한다. 내가 집안일에 신경 못 쓰더라도 이해하고, 내가 편히 쉴 수 있도록 집 안에서 조용히 걸어 다녀야 한다. 내 병이 낫는 데 필요한 것들을 준비해주어야 한다. 나는 내 역할을, 그들은 그들의 역할을 다하는 것이다.

자신을 돌보는 건 이기적인 행동이 아니다. 자신과 남들을 위하는 관대한 행동이다.

22

자기 돌봄과 잠

그대가 외롭거나 어둠 속에 있을 때 그대라는 존재의 환한 빛을 보여주고 싶다.

— 하피즈(시인)

스스로를 사랑하거나 돌보는 데 인색한 사람들이 많다. 자식을 잃은 어느 어머니는 이렇게 말했다. "내가 나를 사랑할 자격이 있나 싶어요. 너무 죄스럽고, 그 죄책감 때문에 나를 좋게 생각할 수가 없어요. 아이가 죽었는데 왜 내가 나를 가엾게 여겨야 하죠?"

남편이 살해된 후 나와 함께 애도 작업을 한 어떤 여성은 평생의 사랑을 잃었고 다시 또 그런 사랑을 할 수 없을 자신에게 사랑이니 자기 돌봄이니 하는 건 사치라고 믿고 있었다. 우리가 스스로에게 들려주는 이야기를 계속 의식하고, 마음의 여유가 생길 때 소소하나마 적극적인 자기 돌봄을 천천히 시도해보는 것도 애도 작업의 일부이다.

자기 돌봄의 형태는 다양하다. 잘 먹기, 운동하기, 혼자만의 시간 갖기, 사랑하는 이들과 함께하기, 푹 자기.

잠은 우리의 건강과 행복에 그 무엇보다 중요한 요소이다. 잠을 제대로 자지 못하면 관대함도 인내심도 사라지고, 스트레스나 허기짐이나 피곤함에 시달리게 된다. 수면 부족은 인지, 문제 해결, 기억력, 심지어 균형 감각에도 영향을 미친다. 물론 잘 잔다고 해서 슬픔이 줄거나 하지는 않겠지만, 롤러코스터 같은 감정 상태를 다스리는 데에는 도움이 될 것이다.

킴은 딸 캐시를 잃고 여덟 달이 지난 뒤 나를 찾아왔다. 캐시는 결혼해서 제 가족을 꾸리기 시작한 지 일 년밖에 안 된 활기찬 젊은 여성이었다. 겨우 스물일곱 살이었다. 캐시는 일상적인 시술을 받은 후 사망했다.

많은 어머니들처럼 킴도 슬픔에서 벗어나고 싶다는 강한 바람을 피력했다. 그러면서도 캐시의 아름다움과 모녀간의 사랑을 되새기고 싶어 했는데, 킴 자신이 '좋은 감정'으로 분류한 그런 감정에 접근할라치면 '나쁜 감정'으로 분류한 감정들이 들이닥쳤다.

그래서 킴은 일에 몰두하고 이런저런 활동을 시도했다. 행복 리트리트,* 명상 리트리트, 여성 역량 강화 리트리트 등에

....
* retreat. 단어 자체는 '물러남' '칩거' '도피' 등을 의미하며, 번잡한 일상에서 벗어나 평온한 장소에서 내면 성찰을 통해 온전한 자신과 마주할 수 있도록

참여했다. 온갖 종파·교파·분파의 교회에 나갔다. 슬픔 회피라는 뚜렷한 목적을 표방하는 다양한 애도 상담을 받았다. 하지만 무엇을 하든 킴의 상태는 빠른 속도로 나빠져만 갔다. 슬픔은 집요하게 머물면서 킴이 방심하는 순간에 여러 형태로 나타나고 또 나타났다. 킴은 지독한 불면증에 시달렸다. 지인들과 연락을 끊고, 자신의 이야기를 공감하며 잘 들어줄 친구들에게도 손을 내밀지 않았다. 알코올로 자가 치료를 하면서 직장 생활도 힘들어졌다. 그리고 가눌 길 없는 외로움에 짓눌리기 시작했다.

상담 초반에 킴은 슬픔을 끝내는 데 중점을 두었다. 내가 물었다. "어떤 기분이에요? 무언가가 제발 끝났으면 좋겠는데 그럴 기미가 안 보일 때 기분이 어때요?"

"다른 생각은 전혀 할 수가 없어요. 그게 나를 갖고 놀아요. 슬픔이 나를 가지고 논다고요."

그 후 몇 주 동안 우리는 '나쁜' 감정을 있는 그대로 내버려두고 '좋은' 감정에 집착하지 않는 작업을 천천히 해나갔다. 킴은 슬픔과 함께하는 것을 피할수록 슬픔에 놀아나는 듯한 견딜 수 없는 기분이 된다는 걸 알아차리기 시작했다. 그리고 슬픔을 견디지 못할수록 자기 자신이나 캐시와 단절되는 느낌이 심해진다는 것도 알아차렸다. 킴은 마음 깊숙한 곳에서는 알고 있었던 사실을 외면해왔음을, 좋은 일이든 나쁜 일이든 캐시를 오롯이 기억하려는 직관적 욕구를 억눌러

돕는 프로그램을 말한다.

왔음을 깨닫기 시작했다. 억지로 '좋은' 것만 떠올리지 않고 억지로 '나쁜' 것을 밀어내지 않고, 모든 감정과 추억을 보듬어야 하는데 말이다.

잠시 멈춰 서서 슬픔과 함께하는 법을 배우며 킴은 자신의 마음이 들려주는 지혜에 차츰 귀를 기울일 수 있게 되었다. 우리는 킴의 개인적인 욕구와 흥미에 맞춘 자기 돌봄 방법을 정리했고, 킴은 그것들을 실천하며 내면의 변화와 해방감을 느꼈다.

진실한 감정 경험을 허용하고 거기에 집중할 수 있게 되자, 심신의 욕구에 관심을 가지고 스스로를 돌보는 것이 좀 더 자연스러웠다. 킴은 이런 변화가 고통스럽지만 인생을 긍정하게 되었다고 말했다.

그 후 몇 달 동안 킴은 슬픔과 함께하고 스스로를 돌보는 연습을 했다. 우리는 다음과 같은 생활 계획표를 짰다.

1. 하루에 7~8시간 잔다. 밤 10시 전에 잠드는 것을 목표로 한다.
2. 오후 3시 이후 카페인, 니코틴 같은 자극물 섭취를 제한한다.
3. 저녁에는 텔레비전 시청을 줄이고 좋은 책을 읽는다.
4. 취침 전에(혹은 언제든) 술을 마시지 않는다.
5. 저녁 7시 이후 과식하지 않는다.
6. 낮에 운동하고 낮잠을 피한다.
7. 낮 동안 충분히(20분) 햇빛을 �쐰다.

8. 저녁에 요가로 긴장을 푼다.
9. 저녁에 따뜻한 물에 몸을 담그고 명상한다.
10. 침 치료를 받는다.
11. 방 안을 완벽히 어둡게 한다. 조명이나 라디오나 텔레비전을 켜놓은 채 자지 않는다.
12. 한밤중에 화장실에 가고 싶으면 손전등을 켜서 불빛을 최소화한다.
13. 백색 소음기를 준비한다.

2주가 채 지나기 전에 킴은 겨우 서너 시간 선잠을 자던 수면 장애에서 벗어나 6~7시간 내리 잘 수 있게 되었다. 출몰하는 슬픔에 대처하기가 더 수월해졌을 뿐만 아니라, 기억력이 좋아지고 산만함과 반발감이 줄어들었다.

킴은 적당한 운동을 시작하기로 마음먹고 자연 속으로 들어가기도 했다. 등산로를 걷다가 캐시의 부재가 강하게 느껴져 울기도 했지만, 온몸이 마비될 것 같아도 스스로를 믿고 그런 감정을 받아들이는 법을 배웠다. 킴은 '캐시의 공간'이라는 텃밭을 만들어 유기농으로 키운 채소를 먹기까지 했다.

스스로를 돌보는 것이 킴에게는 캐시와 함께 시간을 보내는 방법이기도 했다. 이렇게 킴은 삶 속에서 캐시의 존재감을 강하게 느낄 수 있었다.

23

자신을 돌보는 방법

고통을 끌어안으면 공감력이 높아진다. 남의 고통을 느낄 줄 아는 능력인 공감은 감정에 휘둘리지 않는 연민과 사랑의 토대이다.

―스티븐 배철러(불교학자)

샤이엔이 죽고 나서 나는 내 몸을 잘 돌보지 못했다. 일곱 살 때부터 쭉 채식주의자였던 나는 항상 건강하게 먹으려고 신경 썼다. 그런데 아예 음식을 입에 안 대거나 먹더라도 건강한 음식을 먹지 않았다. 체중이 40킬로그램까지 빠졌다.

감정 일기를 쓰기 시작하면서 내가 이렇게 내 몸을 미워하게 된 원인이 감정적 고통, 특히 샤이엔의 죽음에 대한 죄책감에 있다는 걸 깨달았다. 그때부터 나는 이 적대감을 편견 없이 지켜보기 시작했다. 내 몸이 샤이엔을 태운 배라고 생각하고 그에 관해 썼다. 이 배를 잘 관리할 생각이 있어? 나 자신에게 이렇게 묻고, 애도와 자기 돌봄을 함께 실천하는 방법들을 목록으로 작성했다. 내 감정의 고귀함을 인정하는 과정이기도 했다. 그리고 여기에 '내 인생의 주인공 되기' 연습이라는 이름을 붙였다.

나 자신에게 바치는 격려의 말도 썼다.

조앤에게

잊지 말고
울어야 할 땐 실컷 울어.
물을 많이 마셔.
공감할 줄 아는 사람들과 가깝게 지내.
감정을 받아들이고 안아줘. 아무리 좋은 감정이라도 거기에 매달리지 말고.
날마다 밖에 나가서 햇빛을 쏘여.
고독을 사랑하는 법을 배워.
기회가 닿는 대로 다른 사람들을 도와.
하루에 일곱 시간은 꼭 자.
건강한 식사를 해.
몸이 더러워지는 걸 두려워하지 마. (진흙탕에 들어가고, 맨발로 걷고, 땀을 흘려.)
세상을 떠난 소중한 사람을 기억해.
고마움을 느끼되 억지로 그럴 필요는 없어.

자연을 둘러봐.
새로운 일을 시도해.
기도하고 명상해.
너만의 특별한 노래를 찾아.
네 인생을 바꾸어준 사람들을 찾아가 그렇다고 말해.
사람들 사이에 다리를 놓아줘.
대중 매체는 잠시 멀리해도 좋아.
하루 정도는 편안하게 푹 쉬어.
동물을 구조해.
모르는 사람에게 커피나 차나 점심을 사줘. 익명으로.
처음부터 다시 시작해.

나 자신을 사랑하려 노력하고 있는 조앤으로부터

 나와 함께 애도 작업을 하는 사람들도 자기 돌봄 리스트를 작성하곤 한다.
 비극적인 살인 사건으로 남편을 잃은 한 여성은 자투리 시간을 이용한 자기 돌봄 계획을 세웠다. 기업 간부라 직장에서 많은 시간을 보내는 이 여성에게 큰 장애물은 바로 시간이었다. 그래서 자기 돌봄 리스트에는 단 몇 분 만에 끝낼 수 있는 일들이 포함되었다. 스트레칭, 구름 보기, 낙서하기, 시 읽기, 감사 편지 쓰기, 그냥 앉아 있기. 5~10분 정도 시간이 나면, 음악을 듣고, 사무실에서 춤을 추고, 울거나 웃고, 노래 부르고, 짧은 산책을 하고, 짧은 시를 짓고, 특별한 차를 마시고, 일기를 쓰고, 명상하거나 기도를 올리고, 청소를 하고, 색칠을 하고, 현재의 심정을 담은 사진을 찍었다. 30분의 여유가 있으면, 명상이나 기도, 운동이나 요가를 하고, 누군가를 만나 차를 마시고, 새 책을 읽기 시작하고, 자연 속으로 들어가고, 남들에게 친절을 베풀고, 서랍을 치우고, 예술 작품을 만들고, 가족에게 애정 어린 편지를 보냈다.

아내와 자식을 잃은 한 남성은 '하루에 한 번 하는 다짐'을 실천하면서 달마다 그 내용을 바꾸었다. 6월은 그의 10대 아들이 죽은 달이다.

1월: 하루에 한 번, 새로운 것을 배우겠다고 다짐한다.
2월: 하루에 한 번, 즐거운 일을 하겠다고 다짐한다.
3월: 하루에 한 번, 밖에서 더 많은 시간을 보내겠다고 다짐한다.
4월: 하루에 한 번, 내 사랑을 더 솔직하게 표현하겠다고 다짐한다.
5월: 하루에 한 번, 친구에게 전화하겠다고 다짐한다.
6월: 하루에 한 번, 울겠다고, 그런 다음 미소 짓겠다고 다짐한다.
7월: 하루에 한 번, 밤 9시 전까지는 잠자리에 들겠다고 다짐한다.
8월: 하루에 한 번, 책을 읽겠다고 다짐한다.
9월: 하루에 한 번, 물을 더 많이 마시겠다고 다짐한다.
10월: 하루에 한 번, 샐러드를 더 많이 먹겠다고 다짐한다.

11월: 하루에 한 번, 내가 먹는 음식에 감사하겠다고 다짐한다.

12월: 하루에 한 번, 다른 사람에게 친절을 베풀겠다고 다짐한다.

자기 돌봄을 여러 범주로 나누는 것도 한 방법이다. 제안하자면, 자기표현, 자기 인식, 연결, 상호 연결, 몸 관리, 친절 등의 폭넓은 영역들로 나누어 실천해보기 바란다.

자기표현은 감정을 드러내는 일에 관한 것이다. 자기 인식은 자신의 모든 측면에 주목하고 집중하며 귀를 쫑긋 세우기 시작하는 방식에 관한 것이다. 연결과 상호 연결은 타인, 동물, 자연, 세상, 자기 자신과 함께하는 방식에 관한 것이다. 몸 관리는 수면, 영양, 운동, 춤, 놀이 등 신체의 건강에 신경 쓰고 주목하는 것이다. 친절은 사람들에게 사랑을 전하는 것이다. 남들에게 사랑을 전하려면 그 사랑을 우리 자신에게 되돌릴 줄도 알아야 한다. 이런 공생은 우리의 마음을 돌보는 좋은 방법이다.

24

필요한 것을
가족과 친구들에게 알리기

그는 슬픔의 귀재였다. 거기에 푹 빠져 그것을 수많은 가닥으로 가르고 그 미묘한 차이를 음미했다. 그는 슬픔을 무한의 스펙트럼으로 분산시키는 프리즘이었다.

―조너선 사프란 포어(작가)

베이비 샤워나 졸업식, 결혼식, 명절 같은 특별한 날에 상실의 슬픔과 고립감과 외로움이 한층 더 깊어지는 것은 당연한 일이다.

나와 함께 애도 작업 중이던 한 어머니는 갓 태어난 아들이 죽은 지 수년이 지나서도 베이비 샤워를 견디지 못했다. 그 어머니는 이렇게 설명했다. "내 동생이…… 베이비 샤워를 한다고 해서 갔어요…… 안 가면 가족 분위기가 안 좋아질까 봐…… 그런데 내 아들이 생각나더라고요. 그 아이가 여기 있다면 어땠을까, 지금쯤이면 걸음마를 시작했을 텐데. 너무 외롭고 헛헛했어요…… 울면서 자리를 뜰 수밖에 없었죠. 사람들이 나를 꿰뚫어보는 느낌이었어요, 출산을 앞둔 예비 엄마들에게는 내가 '재수 없는' 존재라는 걸 안다는 듯이…… 견딜 수가 없었어요." 그녀는 마음의 준비가 됐다고 느낄 때까지 베이비 샤워에 참석하지 않겠다고 마음먹었고, 이 결정은 아무런 문제 없는 자기 돌봄의 행위였다.

자기 돌봄이란, 필요할 땐 거부할 줄도 알아야 한다는 의미이다. 애도자들은 얼마 동안이라도 자신에게 필요한 것을 가장 먼저 챙길 줄 알아야 한다.

행사에 와달라는 초대를 거절하고, 명절이면 의식을 줄이고 의무처럼 달아놓던 장식을 없애도 괜찮다. 아니, 반드시 그래야 할지도 모른다. 특별한 날에는 대개 스트레스가 늘고, 그래서 자연스레 자기 돌봄에 소홀해진다. 스스로를 방치하게 되는 이런 경향을 인식하면 경계심을 유지하는 데 도움이 된다. 우리가 자신을 위해 할 수 있는 가장 단순하면서도 가장 어려운 일들이 있다. 영양가 있는 음식을 먹고, 물을 많이 마시고, 적당량의 수면과 휴식을 취하고, 알코올·카페인·약물 복용을 끊지는 않더라도 대폭 줄이는 것이다. 어떻게 하면 그런 특별한 날을 마음 편하게 보낼 수 있을지, 원하는 바를 쭉 적어 다른 사람들과 공유하는 것도 좋다.

멜러디는 크리스마스에 젖먹이 아들 트리스탄을 잃었다. 내가 멜러디를 만난 건 그이듬해, 트리스탄의 생일을 일주일

앞둔 12월 20일이었다. 크리스마스 시즌의 한껏 들뜬 분위기 속에서 멜러디는 아들의 첫 생일을 아들 없이 맞아야 한다는 사실에 괴로워하고 있었다.

특별한 날이 되면 사람들은 지레 겁을 먹고 애도자에게 선뜻 다가가지 못하고, 그러면 오히려 애도자의 고통은 배가된다. 이것을 염두에 두고 멜러디는 나와 함께 '소원'을 작성하여 가족에게 보냈다.

멜러디의 크리스마스 소원

1. 지금 내가 어떤 기분인지 여러분이 잘 이해할 수 있도록 내 감정을 허심탄회하게 털어놓고 싶어요. 하루하루 바뀌고 계절마다 달라요. 그러니까 다 같이 모이면, 내 기분이 어떤지 물어봐주세요. 그리고 트리스탄 얘기를 해도 될지 안 될지 궁금하면, 오늘 내게 필요한 게 뭔지 그냥 물어보세요.
2. 의식 같은 걸 치르면 아주 좋을 거예요. 새로운 의식이라면 더더욱 그래요. 예를 들어, 명절에 식사하기 전 촛불을 켜고 묵념을 한다든가, 우리가 좋아하는 자선단체에 트리스탄의 이름으로 기부한다든가, 식탁에 트리스탄의 자리를 비워둔다든가, 트리스탄을 기리는 의미에서 가족이 다 함께 자원봉사를 한다든가, 트리스탄을 추억하며 아이를 위한 선물을 사서 기부한다든가.
3. 나와 함께 지지 모임에 참여해주세요. 내가 소셜 미디어에 공유하는 사진에 댓글을 달아주세요. 그런다고 내가

더 슬퍼지거나 하지 않으니까요. 이렇게 슬픔을 함께 나누어주시면 내게 큰 힘이 됩니다.
4. 나와 함께 자연으로 나가주세요. 같이 걷고, 등산하고, 아니면 그냥 앉아서 진짜 대화를 나눠요. 그리고 트리스탄이라는 단어를 피하지 않아도 되니까 걱정하지 마세요.
5. 내가 혼자 있고 싶어 할 때, 가족 모임에 나오라고 다그치지 말고 시간을 좀 주세요. 가끔 나 혼자만의 시간이 필요합니다. 내가 혼자 있고 싶어 하는 것처럼 보이긴 하는데 확신이 안 설 땐 그냥 물어보세요.
6. 가족 사이에 규칙처럼 정해져 있던 일을 바꾸어보는 것도 좋겠어요. 소소한 것들부터요. 크리스마스트리를 꾸밀 때 트는 음악을 바꾸거나, 명절 음식을 바꾸거나, 명절에 다른 곳으로 여행을 가거나. 이런 색다른 변화가 내 스트레스를 조금 줄여줄 거예요.
7. 내가 일찍 자리를 뜨려고 하면, 내 결정을 존중해주시고 죄책감 들게 하지 마세요. 하지만 여러분이 내 슬픔을 보고 받아들이며 나와 함께 추모하고 있다는 기분이 들면, 내가 먼저 자리를 뜰 일은 거의 없을 거예요.

멜러디의 가족은 크리스마스 파티를 12월 25일에서 한 해의 중반인 7월 25일로 옮기기로 했다. 멜러디는 슬픔이 극심해지는 때를 피해 가족과 함께 명절을 보낼 수 있음에 기뻐했다.

나와 애도 작업을 함께했던 마르타는 딸 제인이 죽은 후 마을 사람들이 자신을 피하는 것처럼 느껴진다고 했다. 크리스마스 시즌이 되자 사람들은 슈퍼마켓에서 마르타를 보면 바로 돌아서서, 마르타의 말을 빌리자면 "줄행랑을 쳤다."

이 문제를 적극적으로 해결하기 위해 마르타와 나는 명절 전에 마르타의 가족과 친구들에게 보낼 편지를 함께 작성했다.

가족과 친구들에게

이맘때는 우리 딸 제인 없이 보내기가 더욱 힘듭니다. 쉽지 않다는 건 알지만, 거리에서 마주치면 제인에 대해 함께 이야기하고 안부 인사를 나누면 좋겠어요. 기도할 때 제인을 기억해주시고, 나중에 우리에게도 알려주세요. 우리가 좋아하는 자선단체에 제인의 이름으로 기부해주셔도 좋고요. 우리에게 전화하기보다는 이메일을 보내주세요. 지금 당장은 통화가 버겁거든요. 크리스마스 주간에는 음식을 나누어주시면 고맙겠어요. 문 앞에 음식을 두시면 됩니다. 그러면 우리 친구 메리가 알아서 챙겨줄 거예요.

마지막으로, 카드를 받고 싶으니 계속 보내주세요. 제인과의 아름다운 추억을 들려주세요. 고맙습니다. 여러분의 응원에 큰 힘을 얻습니다. 앞으로도 오랫동안 여러분의 도움이 필요할 거예요.

25

자기 돌봄이
회피 수단이 될 때

항상 극단으로 밀어붙여라. 그래야 그곳에서 진리를 발견할 수 있으니.

— 알베르 카뮈(소설가)

상실을 겪은 후 몸과 마음과 정신을 보듬어 자신을 돌보는 것이 중요하지만, 고통스러운 감정에서 부지불식간에 벗어날 수 있는 수단으로 삼지 않도록 주의해야 한다.

20대 초반에 여동생이 살해된 청년 벤은 10년이 지난 후에야 상담을 받기 시작했다. 그는 과도한 자기 돌봄의 대가가 되어 자기 돌봄이라는 명목으로 엄청난 비용과 시간을 썼다. 걸핏하면 운동 기구를 사들이고, 헬스클럽을 여러 군데 가입하고, 트레이너들을 숱하게 만났다. 동생의 10주기가 되는 날에도 벤은 운동 기구를 더 사야겠다는 생각이 제일 먼저 들었다.

나와 함께 애도 작업을 하면서 벤은 몸에 대한 과도한 집중이 동생을 잃은 후 초기에 습득된 대처 수단임을 이해하게 되었다. 재판이 진행되는 동안 동생을 죽인 범인에 대한 분노를 과격한 운동으로 풀었는데, 이 패턴이 고착화된 것이다. 10년이 지난 지금, 과도한 운동 습관은 사회적으로 용인 가능한 대응 기제를 넘어, 고통을 잊게 해주는 수단이 되었다. 문제는 약물과 마찬가지로 강도를 높이지 않으면 성에 차지 않는다는 것이었다. 계속 감정을 마비시키려면, 운동 기구를 늘리고 더 많은 헬스클럽에 다녀야 했다. 심지어는 다른 운동광들이 벤에게 과하다고 말할 정도였다.

우리의 애도 작업은 괴로운 감정과 고통스러운 기억을 (서서히, 안전한 환경에서) 받아들이고, 두려움과 회피가 아닌 사랑에서 비롯된 균형 잡힌 자기 돌봄 방법을 익히는 훈련에 집중되었다. 우리가 제일 먼저 한 일은 순간순간의 감정과 행동에 충분히 주의를 기울여 그것을 일기로 기록하는 것이었다. 얼마 후 벤은 괴로운 기억이 떠오르기만 하면 딴 데로 주의를 돌리고픈 충동이 인다는 사실을 알아차렸다. 우리는 그 반사적인 과정을 차츰 줄여갔고, 벤은 아무리 견디기 힘든 슬픔도 외면하지 않는 법을 습득하기 시작했다.

자신을 깊숙이 인식하는 훈련을 통해 벤은 몸을 슬픔의 탈출구로 이용하는 습관에서 벗어날 수 있었다. 그는 건강을 위해 운동을 의식적으로 계속했다. 하지만 문득문득 솟구치는 울음이 잦아들 때까지 기다리기도 했다.

26

배우고, 적응하고, 직감을 믿어라

폭풍에서 나오면, 폭풍 속으로 걸어 들어가기 전과 다른 사람이 되어 있을 것이다.

―무라카미 하루키(소설가)

슬픔과 함께하는 연습을 하면서 나는 자기 인식의 삼위일체를 이해하게 되었다. 배우고, 적응하고, 직감을 신뢰하기.
주의를 기울이기만 하면 세상 만물로부터 배울 것이 있다. 주의를 기울이면, 보이지 않던 것을 보고, 자연의 세세한 것까지 감지하고, 무지개와 폭풍우가 같은 하늘에 나타난다는 사실을 알아차리기 시작한다. 캄캄한 슬픔이 내려앉으면, 눈이 어둠에 적응할 시간이 필요하다. 처음엔 어슴푸레하고 아련히 보인다.
자기 자신을 주의 깊게 인식하는 훈련을 하다 보면, 흙에서 고군분투하는 씨앗 속에 생명이 있음을 깨닫게 된다. 바람에 흔들릴 줄 아는 나무가 잘 꺾이지 않는다는 사실을 깨닫게 된다. 쉬운 길이 꼭 옳은 길은 아님을 알게 된다. 모든 사람과 모든 것이 우리의 스승이 될 수 있음을 알게 된다. 아이와 타인으로부터 배움을 얻는다. 동물로부터 배움을 얻는다. 진정으로 깨어 있으면, 평범한 순간으로부터도 무언가를 배울 수 있다.

애도 자체가 배우는 과정이다. 애도 속에서 우리는 자신에 대해 많은 것을 배운다. 어쩌면 알고 싶지 않았던 것까지도. 애도에 대해 배우면 배울수록 그것이 덜 무서워지고, 내 안의 중심이 더 단단해지는 느낌이 든다.

애도는 적응의 과정이기도 하다. 우리는 전혀 예상치 못했고 원치 않았던 삶에 적응할 길을 찾는다.

애도는 숫돌처럼 우리의 직관을 날카롭게 갈아준다. 자아와 주변을 날카롭게 인식하는 훈련의 결과로 우리는 귀를 더 쫑긋 세우게 되고, 사랑하는 이를 잃기 전보다 감각이 더 예민해진다. 가끔은 직관을 믿는 법을 배우기도 한다.

어릴 때부터 나는 세도나에 마음이 끌렸다. 부모님, 특히 아버지가 세도나를 사랑했고, 나는 셀 수도 없이 많은 주말, 여름날, 휴일을 그곳에 있는 우리 집에서 보냈다. 세도나는 오락거리가 많거나 밤의 유흥을 기대할 수 있는 곳은 아니지만, 손에 잡힐 듯 밝게 빛나는 별들이 무척 아름답다. 2010년 세도나로 완전히 이사했을 때 나의 중심을 찾은 듯한 느낌이었다. 드디어 집에 왔구나 하는.

내가 지금껏 사랑한 이 도시의 명칭은 첫 정착민의 아내 세도나 슈네블리의 이름에서 따온 것이다. 내가 세도나에 대해 아는 거라곤 기껏해야 이 정도였다. 그러던 어느 날, 유기농 식품 시장으로 가던 길에 어떤 직감이 찾아들어 충동적으로 방향을 틀었다가 쿡스 시더 글레이드 공동묘지로 흘러들었다. 호기심에 이리저리 돌아다니며 비문을 읽던 나는 세도나 슈네블리의 무덤을 우연히 발견했다.

이렇게 오래되고 평범한 묘지에 세도나가 잠들어 있다니 놀라웠다. 그러다 그의 무덤 바로 옆에 있는 또 하나의 무덤이 눈에 띄었다.

    펄 A. 슈네블리…… 사랑하는 딸
    1899년 12월 18일에 태어나
    1905년 6월 12일에 죽다.

나는 그들 무덤의 붉은 흙 위에 앉아, 나처럼 자식을 잃은 어머니와 어린 딸에게 마음속으로 경의를 표했다.

결국 그날 시장에 가지 않았다. 대신에 세도나와 펄에 대해 조사하기 시작했다. 펄은 말과 관련된 사고로 죽었다. 그곳에 있던 세도나는 딸을 구하려 애썼지만 소용없었다. 세도나는 견딜 수 없으리만치 비통했을 테고, 아직 불안정했던 외떨어진 남서부에서 도움을 받기도 힘들었을 것이다.

세도나는 날마다 부엌 창밖으로 사랑하는 펄의 무덤을 우두커니 바라보았다고 한다. 몇 달 후 세도나 가족은 그곳을 도망치듯 떠났다. 세도나를 슬픔으로부터 구제하려는 절박한 심정으로 남편이 내린 결단이었다. 세도나는 45년이 지난 1950년에야 그토록 사랑했던 곳으로 돌아와 생전의 바람대로 소중한 딸 펄의 곁에 묻혔다.

  나는 종종 세도나의 무덤에 들러 두 사람에게 말을 건다. 그럴 때마다 내가 오로지 이곳을 집으로 삼고 싶은 이유를 더욱 깊이 이해하게 된다.

27

재애도

세상이 우리 모두를 망가뜨려도 어떤 사람들은 그 망가진 곳에서 더욱 강해진다.

—어니스트 헤밍웨이(소설가)

딸이 죽은 후 처음으로 웃었던 날을 기억한다. 내가 뭘 했는지 깨달았을 땐, 신성모독 죄라도 범한 기분이었다. 감히 웃음을 터뜨리다니. 누가 무슨 말이나 행동을 했길래 내가 그런 불경한 짓을 저질렀는지는 기억나지 않지만, 다른 사람들이 몇 명 더 있는 공공장소였던 것은 기억난다. 그곳에서 난 웃었다. 그 소리가 폐에서 빠져나가는 순간 나는 수치심에 나 자신을 외면했다.

미소 짓고 웃는 건 살아 있음의 행위였다. 나는 살아 있지 않았다. 웃을 권리 따윈 없었다. 나는 산 자의 세계와 죽은 자의 세계, 그 경계에 머물러 있었다. 하지만 틀림없이 죽은 느낌이었다. 확실히 망가진 느낌이었다. 헤밍웨이가 말한 그런 망가짐은 아니었다. 망가진 곳에서 더 강해지지 못했다.

웃고 나서 숨이 턱 막힌 나는 양해를 구하고 화장실로 들어가 흐느껴 울었다. 다시 미소 짓거나 웃을 수 있게 되기까지는 오랜 시간이 걸렸다.

내 세상이 침묵에 잠긴 것은 7월 27일의 일이다. 21년 전이다. 21년은 누군가를 그리워하기에는 긴 시간이다. 21년은 듣고 보고 만질 수 없는 누군가를 느끼고 생각하고 궁금해하기에는 기나긴 시간이다.

시간은 참으로 기묘하다. 몇 분이 몇 년처럼, 몇 년이 몇 분처럼 느껴진다. 아주 오래전에 있었던 일이 바로 어제 일 같고, 어제 일이 아주 오래전의 일처럼 느껴진다.

죽은 딸에 대한 내 사랑은 시들지 않았다. 특별한 날에, 기일에, 그리고 가끔은 해가 빛나고 구름이 떠다니는 여느 날과 똑같은 그저 평범한 날에도 마음이 저릴 테고, 온 세상이 무너지는 듯 느낄 것이다. 빈도와 지속 시간은 줄었어도 그런 순간이 온다. 그러면 나는 저항하지 않는다. 오래전 슬픔의 그늘이 여전히 남아 있기 때문이다. 슬픔은 몰래 숨어 그 자리에 계속 머문다. 무서운 적이자 사랑하는 동반자인 그것은 결코 딴 곳으로 떠나지 않는다.

슬픔은 우리를 되부르며 요구한다. 다시 떠올리라고. 다시 슬퍼하라고. 다시 애도하라고. 가슴 아릴 때도 있지만 나는 이런 순간을 고맙게 맞는다.

재애도

28

슬픔에 순응하기

깊이 사랑하는 것으로 향하면 구원받을 수 있다.

—루미(시인)

슬픔에 순응하는 연습을 한다는 건, 삶의 모든 단계에서 의도적으로 슬픔에 다가가고 또 다가간다는 의미이다. 자신이 슬픔에 휘둘리고 있음을 또렷이 자각하고, 사랑하는 이의 부재를 거부할 수 없는 현실로 받아들인다. 지금 이토록 어마어마한 슬픔을 느끼는 건 그들과 함께한 시간이 있기 때문이라는 걸 이해하게 된다. 그 시간, 그 소중한 시간은 우리만의 것이다. 잠시 멈춰 서서 곰곰이 생각해보면, 그 사랑스러운 순간들을 무엇과도 바꾸지 않으리라는 걸 깨닫게 된다. 설령 지난 세월의 슬픔을 덜 수 있다 해도.

강간당하고 살해된 여동생 때문에 슬픔에 잠긴 한 청년은 이렇게 말했다. "하루하루가 너무 고통스럽습니다. 하지만 내가 동생을 너무 사랑해서 이렇게 힘든 거겠죠…… 사람들이 회복을 이야기하면, 그만 슬퍼하라는 말처럼 들려요. 동생에 대한 사랑이 식지 않는 한 내 애도는 멈추지 않을 겁니다."

회복이라는 말은 매혹적이지만 그 의미가 자칫 단순하게 전달될 수 있기 때문에 나는 되도록 피하는 편이다. 애도 과정을 지나다 보면 슬슬 회복이 기대되는 시점이 찾아온다. 걱정스레 지켜보던 고용주들, 이웃들, 가족, 친구들이 예전의 일상으로 돌아가라는 은근하면서도 노골적인 메시지를 보낸다.

하지만 사랑하는 사람을 잃은 후 예전의 일상은 절대 돌아오지 않는다. '새로운 일상' 비슷한 것을 되찾더라도 우리는 예전의 우리가 아니다. 억눌리지 않은 슬픔은 시간이 흐르면서 변한다. 공과금을 납부하고, 출근하고, 세탁기를 돌리고, 장을 보며 현실적인 생활로 돌아가면 슬픔에 휘둘리는 정도가 약해진다. 우리의 손길을 기다리고 있는 삶의 오랜 과제들이 있다. 그날그날 반드시 처리해야 하는 중요한 일들에 관심을 기울이지 않으면 심각한 후폭풍이 불어닥친다. 그러나 사소한 일들 때문에 정작 중요한 것을 놓칠 수도 있고, 슬픔을 회피하기 위해 '일상'을 이용하면 이런저런 문제가 발생하기도 한다.

연습을 통해 생활과 애도의 균형을 맞추는 법을 배울 수 있다. 슬픔과 함께할 때 우리는 마치 스트레칭을 하듯 몸과 마음을 고통스러울 지경까지 긴장시킨다. 그럴 때는 심신이 망가지지 않도록 힘을 조금 뺄 수밖에 없다. 시간이 흐르면서 우리는 극한까지 긴장된 근육을 그대로 붙들고 기다리는 데 익숙해진다. 그러면 우리의 근육은 자세에 순응한다. 연습을 반복할수록 우리는 긴장 상태에 점점 더 깊숙이 순응하게 된다. 친구들, 동료들, 가족들은 그런 스트레칭이 더 이상 필요하지 않을 것 같으니 그만두라고 말한다. 하지만 스트레칭을 그만두면, 특별한 날이나, 어떤 노래를 듣거나, 석양이 질 때, 이제는 낯설어진 이 감각에 근육이 딱딱하게 굳으면서 오래전에 그랬듯 또다시 견딜 수 없어진다.

샬럿의 어머니 조앤에게 이완과 순응은 힘겨운 과제였다. 조앤은 자신이 독서, 영화 감상, 수면, 분주한 활동 등으로 딸의 죽음을 회피하고 있음을 차츰 알아차렸다. 종종 두려움이 끼어들었다. '슬픔에 순응하면 회복되어 예전처럼 제대로 살아갈 수 있을까?' 조앤은 샬럿과 그 아이의 죽음이 자꾸 생각났지만, 그 생각에 '거리감'이 있었다. 가끔 슬픔에 몸을 내맡기려 애쓸 때마다 무언가 자신을 붙들며 완전한 순응을 막는 것 같았다. 그래서 결국 "딸을 잃었다는 사실을 조금씩 받아들일 수밖에 없다"는 생각이 들었다.

애도의 여정이 시작된 지 3년째에도 조앤은 여전히 자신이 '생존 모드'에 있다고 느꼈다. 그래도 조앤은 슬픔을 바라보는 일에 훨씬 더 능숙해졌다. 나와 함께 다양한 명상을 하면서 조앤은 샬럿에 대한 구체적인 사실들, 샬럿과 함께한 구체적인 순간들—이를테면, 샬럿의 손을 잡았을 때의 감촉,

조앤이 샬럿의 다리를 건드리면 플란넬 잠옷 차림의 샬럿이 바짝 다가붙던 느낌—을 떠올리기 시작했다.

가슴에 뚫린 구멍을 바라보는 용기, 의도적으로 기억을 떠올리는 그 치열함은 크나큰 효과를 발휘한다. 조앤은 샬럿의 체구, 샬럿이 입던 플란넬 파자마의 감촉, 샬럿과 손을 잡으면 두 손바닥 사이에 생기던 틈을 떠올리면, 그것이 완벽하게 촉각적인 경험이 되어 "살아 있는 딸을 가진 느낌이 정확히 어땠는지도" 기억난다는 사실을 알았다. 물론 이 기억들은 고통과 함께 온다. 그러나 고통이 전부가 아니다.

조앤은 다음과 같이 설명한다.

그런 순간엔 진솔한 미소가 지어져요. 기쁨에 겨운 환한 미소가 아니라, 내가 알았던 그 어떤 미소보다 순수하고 솔직하고 사랑스러운 미소 말이에요. 그러다 갑자기 그 순간이 사라져버리고 딸아이의 참혹했던 죽음이 떠오르면서 다시 불안해져요. 역시 영원한 건 없구나 싶지만, 어떻게 보면 꼭 그런 것만도 아니죠. 그런 순간에 샬럿은 실재하거든요.

슬픔에 순응한다는 건, 삶과 죽음 양쪽 세계에 발을 걸친 채 어느 한쪽으로도 치우치지 않는다는 의미이다. 조앤은 집착이나 회피 없이 샬럿을 추억했고, 거기에는 순수한 사랑과 고통이 따랐다.

슬픔을 뒤뜰에 버리는 잡동사니, 그 후로 내다보지도 돌보지도 기억하지도 않을 폐물로 취급하지 않겠다는 의식적인 선택은 용기 있는 행위이다. 이렇게 힘겨운 노력의 결과로 더욱 넓어진 마음에는 훨씬 더 많은 사랑을 담을 수 있다.

자아디는 가족을 끔찍이 사랑하고, 자신을 어린 배트맨이라 믿은 갈색 눈의 아름다운 소년이었다. 자아디와 엄마 레이철은 난폭 운전에 희생당해, 레이철은 다치고 자아디는 목숨을 잃었다.

레이철은 자아디가 죽은 지 겨우 몇 주 후, 내가 진행한 외상적 슬픔 리트리트에 참여했다. 슬픔과 함께한다는 것을 황당무계하게 여기던 레이철도 마침내는 그 개념을 깊이 파고들기 시작했다. 슬픔을 오롯이 받아들이며, 상실의 슬픔과 사랑이 결국 하나임을 잠깐이나마 경험했다.

여덟 달 후 나는 레이철의 편지를 받았다.

어제는 지난여름 선생님께 배운 것을 실천해보기로 마음먹었답니다. 슬픔이 파도처럼 밀려들 때 도망치지 않고 그냥 그 곁에 앉아 있어보자 했죠. 그랬더니 괜찮더군요. 달아나려고 애쓸 때보다 오히려 덜 아픈 것 같았습니다. 눈물이 따뜻하면서도 묘하게 아름답고 위로가 되는 느낌이었죠. 여전히 고통스러웠지만 사랑도 그득했어요. 아주 잠깐 자아디가 내 품 안에 있는 것 같았습니다.
선생님은 우리가 이겨낼 수 있다는 걸, 다시 성장할 수 있다는 걸, 견딜 수 없을 것만 같은 일도 견뎌낼 수 있다는 걸 증명해주셨어요. 반대편으로 곧장 넘어갈 수 있는 길은 없고,

전보다 훨씬 더 복잡하고 깊지만 역시 아름다움과 감사함으로 가득한 새로운 경로를 따라가야 한다는 걸 가르쳐주셨죠.

재애도와 기억을 통해 사랑의 아름다움과 상실의 고통을 여전히 간직한 채 슬픔과 함께 머물면, 그 신비로운 치유력을 경험할 수 있다. 슬픔을 괄시하며 문밖으로 쫓아내려고 혈안이 된 문화 속에 살면서 슬픔에 순응할 수 있으려면, 당당히 슬픔을 바라보려는 노력을 꾸준히 이어가야 한다.

슬픔과 단절되면 안 그래도 나약해진 우리의 정체성은 산산이 부서진다. 망자와의 친밀한 연결은 우리에게 영험한 묘약이 될 수 있다.

29

우리가 산산이 부서질 때

그러나 눈물을 부끄러워할 필요는 없었다. 눈물은 가장 위대한 용기, 고통을 받아들일 용기의 증거였기 때문이다.

— 빅터 프랭클(정신과 의사·홀로코스트 생존자)

"내가 살아서 뭐 하겠어요?" 3년 전 아들 앤서니를 잃은 리사가 이렇게 물었다. 열여덟 살의 앤서니는 리사에게 남은 유일한 아이였다. 첫아들 마이클은 13년 전 열두 살의 나이에 죽었다. 살아야 할 이유를 알려달라며 리사의 눈이 내게 애원하고 있었다. "마이클이 죽었을 땐 앤서니 때문에 살아야 했어요…… 그런데 이제 앤서니도 죽었잖아요."

한 아이의 죽음을 감당하는 것도 충분히 고통스러운 일이다. 두 자녀를 잃은 리사는 도움을 간절히 구하고 있었.

앤서니가 죽은 지 겨우 몇 주 후에 애도 작업이 시작되었다. 리사는 마이클이 죽었을 땐 제대로 애도하지 못한 것 같다며 이번에는 "제대로 하고" 싶다고 했다. 초반에는 내가 진행하는 애도 리트리트와 지지 모임에 참여하고 매주 상담을 받으러 왔다.

슬픔과 함께하는 건 고통스러운 일이었지만, 우리가 상상했던 것보다 더 유동적이기도 했다. 애도 작업을 한 지 겨우 몇 달 만에 리사는 앤서니가 대학에 진학하여 집을 떠났을 때 처방받았던 정신과 약을 끊었다. 앤서니가 죽은 지 일 년 반쯤 지났을 무렵에는 일상을 재개하면서 나를 찾아오는 횟수도 줄었다.

남편과 함께 건설회사를 운영하고 있던 리사는 애도와 생활의 균형을 맞추기가 불가능까지는 아니더라도 힘들다는 걸 깨달았다. 그런 리사에게 뒤늦게 분노―본인은 격분이라 했다―가 찾아왔고, 리사는 자신이 "잘 격분하지" 못한다고 말했다. 강렬한 감정 때문에 불편해진 리사는 "피부를 마구 긁어 상처를 내는" 자해 행위를 시작했다. 제대로 달래지 못한 슬픔 때문에 남편과 갈등이 생겼을 때는 상황이 더 심각해졌다. 이날 우리는 슬픔에 저항하기보다는 순응하면 어떻게 될까에 관해 이야기를 나누었다.

"나는 슬픔과 함께 머무는 법을 몰라요. 다시는 못 돌아올까 봐 무섭거든요."

나는 리사에게 격분의 이면을, 감정적 고통을 몸에 푸는 행위의 이면을 들여다보라고 했다. "내가 얼마나 고통스러운지 드러내 보이고 인정받고 싶은 건가 봐요. 그렇게 된 것 같지는 않지만." 리사는 한참을 곰곰이 생각하더니 울먹이며 말했다.

모성애가 강한 리사는 두 아들을 애달프게 사랑했지만 산 자들의 세상으로 다시 끌려 들어가고 있었고, 그 긴장감을 해소하는 데 어려움을 겪고 있었다. 나는 리사에게 자해 직전에 있었던 일에 집중하라고 요구했다. 리사는 남들이 "지난 일은 잊으라"고 강요하면 화가 나서 그 감정을 표출할 방법을 찾는 것 같다고 답했다. 내면의 파괴적인 감각을 겉으로 드러내고 싶었던 것이다. 아주 흔한 일이다.

"우리는 속이 무너져 내리면 어딘가를 망가뜨려서 내면의 파괴에 형태를 부여하려고 하죠." 내가 말했다. "그 대상은 자기도 될 수도 있고 타인이 될 수도 있어요." 리사의 표정을 보고 내 말이 정곡을 찔렀음을 알았다.

"그럼 내가 어떻게 해야 돼요?" 리사가 물었다.

"감정에 순응하면 어때요? 속이 무너져 내릴 때 그 감정을 무의식적으로 본인 몸에 표현할 게 아니라 감정을 계속 의식하면 어떨까요?"

리사는 도전이나 진실을 두려워하지 않는 당차고 열정적인 여성이다. 리사는 아이러니를 깨달았다. 계속 싸울 수 있으려면 순응해야 한다는 것을.

30

슬픔의 지속 기간

나는 밤에 대한 믿음이 있다.

—라이너 마리아 릴케(시인)

슬픔이 언제까지 계속되느냐는 질문을 자주 받는다. 오늘 아침만 해도 형제가 살해당했다는 사람에게서 "언제까지 이럴까요?"라고 묻는 이메일을 받았다.

사별한 지 얼마 안 된 사람들이나 고인에 대한 애틋함이 각별한 사람들은 예전의 삶으로 돌아가고 싶은 마음에 그런 질문을 종종 한다. 애도 중에는 이 기묘하고 별스러운 고통이 과연 끝나기나 할까, '정상적인' 삶으로 다시 돌아갈 수나 있을까, 눈물이 마르기나 할까, 그저 의심스럽기만 하다.

사실, 예전으로 돌아갈 수도 없고 영원히 그러지 못할 것이다. 우리와 우리의 세상이 달라졌기 때문이다. 세월이 약이라고 말하는 사람도 있지만, 내 생각은 조금 다르다. 확실히 시간이 흐르면 초반의 절망적인 비통함으로부터 약간의 거리를 두고 일종의 휴식을 취할 수 있게 된다. 그러나 내 경우에는 시간이 지났다고 해서 슬픔이 줄어든 것 같지는 않다. 샤이엔을 잃은 슬픔은 여전히 가슴에 사무치고 생생하다. 시간의 경과에 따라 슬픔이 차츰 묽어진다는 개념은 내게는 해당하지 않았다. 그러기를 바라지도 않는다. 중요한 건 시간이 얼마나 흘렀는지가 아니다. 그 시간 동안 우리, 그리고 우리의 주변 사람들이 무엇을 하는가가 중요하다.

초반에 나는 나 자신이나 주변 사람들이 불편하지 않도록 내 감정을 외면하는 일은 하지 않으리라 다짐했다. 그리고 슬픔과 함께하고 슬픔을 짊어지고 그 무게를 견딤으로써 더 강해졌다. 슬픔을 짊어진 다른 사람들을 도울 수 있을 만큼 강해졌다. 1~10점의 점수를 매긴다면, 내 슬픔 점수는 그날그날 다르지만, 대처 능력은 (최근 몇 년간) 거의 항상 9~10점이다.

그 과정은 다음과 같다. 나의 고통과 함께하며 '슬픔 근육'을 스트레칭하고 단련하기 시작했다. 처음부터 서두르지 않고 아주 천천히. 처음에는 슬픔의 무시무시한 무게에 온몸이 저항하면서 근육이 아팠다. 거의 언제나 쑤시고 화끈거렸다.

그러나 슬픔의 무게를 감당하며 계속 스트레칭하다 보니 시간이 흐를수록 강단과 유연함이 생겼다. 슬픔이 어떤 모습으로 변신하든 거뜬히 짊어질 수 있게 되었다. 내가 감당해야 하는 무게는 변하지 않았다. 그것을 짊어질 수 있는 능력이 변했을 뿐이다.

　나는 그 무게에 적응하고 싶었다. 무게를 극복하거나 억지로 치유를 시도하거나 내 슬픔 혹은 나 자신과 다투고 싶지 않았다. 그리고 그런 적응을 통해 내 마음은 더욱 성장했고, 고통으로부터 배우고 고통을 다른 것으로 탈바꿈하는 능력 또한 상승했다. 그렇다 해도 샤이엔을 가질 수만 있다면 이 새로운 힘과 유연함을 서슴없이 돌려주겠다. 다른 한편으로는 수십 년 전 내 딸을 알고 사랑하지 않았다면, 지금 이렇게 온전한 내가 될 수 없었을 것이다.

　먼저 세상을 떠난 사랑하는 이들은 우리 정체성의 일부가 된다. 우리 인생 이야기의 일부가 된다. 그들을 향한 사랑은 뼛속에 사무친다. 가끔은 세파에 시달려 듣지 못할 때도 있지만, 그들을 기억하라고 외치는 내면의 울림은 영영 사라지지 않는다.

　그 외침을 묵살하면, 우리 자신은 분열과 단절을, 사회는 감정적 빈곤화(슬픔을 무시함으로써 모두를 다시금 슬픔에 빠뜨린다)를 겪게 된다. 슬픔 없는 삶을 좇으면 진정한 만족감을 찾기 어렵다. 산산조각난 자신의 파편들을 바라보는 것, 고통을 의연히 받아들이는 것을 중요한 의무로 여겨야 한다. 사랑하는 고인을 기억할 때, 우리와 그들 사이의 시간과 공간이 이어지고 그들이 우리의 삶 속으로 다시 돌아온다.

　삶이 안락한 리듬을 되찾았을 때 슬픔에 순응하기란 더욱더 용기가 필요한 일이다.

31

기억할 용기

그대가 거룩한 죽음을 맞았다면, 두 번째 죽음이 그대를 해하지 못하리라.

— 아시시의 프란체스코(성인)

래리는 나바호족* 어머니와 아일랜드 이민자의 아들인 아버지를 둔 중년 남자였다. 그의 까칠한 얼굴에 파인 주름에는 서글픔이 묻어 있었고, 온갖 병을 달고 산다며 놀라울 정도로 덤덤하게 설명할 때는 그 서글픔이 더욱 짙어졌다. 그의 생리적 증상 중 다수가 지속적 애도와 연관되어 있다고 생각한 정신과 의사가 래리를 내게 보냈다. 래리의 아들 매슈는 열 살에 백혈병으로 죽었다. 25년도 더 지난 일이었다.

....
* 미국 남서부 지역에 거주해온 아메리카 원주민 인디언 부족.

래리는 첫 몇 달 동안은 매슈의 죽음에 "정말 잘" 대처했다고 말했다. 당시 그와 아내는 그 충격적인 상실을 함께 겪으며 더욱 가까워졌다. 래리는 아내와 작은아들이 "모든 걸 바꿔버린 한 가지"에 잘 대처할 수 있도록 돕는 데 집중했다.

매슈가 죽은 후 여섯 달 정도 지났을 때 래리는 화가 나기 시작했고, 분노를 마구 표출했다. 갑자기 발끈하며 가구를 부수고 접시를 던지곤 했다. 가족에게 손찌검한 적은 한번도 없었지만, 래리는 자신의 행동에 문제가 있다는 걸 알았다. 그 후 몇 달 동안 아내와 아들이 점점 멀어지는 느낌이 들자, 래리는 결국 그들을 떠났다. 그는 23년 동안 아홉 개의 주를 전전하며 여러 번 직업을 바꾸었고, 아내와 하나 남은 아이를 버렸다는 죄책감과 수치심에 내내 시달렸다. 래리는 집을 떠난 후 매슈의 무덤을 한번도 찾지 않았다.

상담 초반에 래리는 자신의 감정이 어떤지 잘 털어놓지 않았다. 내적 감정을 밖으로 표출한 탓에 가족과의 관계가 틀어졌다며 주로 그 문제에 집중했다. 우리 관계에 신뢰가 쌓였다는 느낌이 들자 나는 래리에게 아들을 잃은 슬픔에 "정말 잘" 대처했을 때를 이야기해달라고 부탁했다.

그는 아내와 함께 매슈의 무덤에 찾아가 그곳을 꾸미곤 했다. 아내와 함께 산책하며 매슈를 추억했다. 아내와 함께 울었다. 그런데 래리의 부모가 집에 찾아와서는 그에게 "가족을 위해서라도 이제 그만 슬퍼하라"고 당부했다. 매슈의 사진을 딴 곳으로 치우라고 제안했다. 래리와 아내가 지나치게 슬픔에 빠져 있다고 꾸짖었다. 직장에서도 래리는 미처 준비가 안 된 상태에서 앞으로 떠밀렸다. 동료들이 난감해할지도 모르니 매슈에 관한 이야기는 되도록 삼가라는 말을 들었다. 슬픔을 거부하라는 메시지가 사방에서 쏟아져 들어왔다. 매슈에 대한 사랑을 끊어내고 잊으라는 의미나 다름없었다.

"그 사람들이 전부 틀렸다면요?" 유난히 상담이 힘들었던 어느 날, 내가 래리에게 물었다. "좋은 남편, 좋은 아빠가 되기 위해 꼭 슬픔을 잊을 필요가 있었을까요? 그 슬픔이 오히려 매슈에 대한 사랑의 표현이 될 수 있었다면요?" 상담을 시작한 지 몇 개월 만에 처음으로 래리는 눈물을 보였다.

우리는 매슈를 애도하고 재애도하는 고된 작업을 시작한 터였다. 이 과정에서 래리는 편지를 쓰고, 사진을 보고, 상실의 이야기를 다른 맥락에서 되새겨보고, 내면 깊숙한 고통과 죄책감과 수치심과 연결되었다. 매슈의 무덤을 찾아갔다. 전 아내와 아들을 만나 용서를 구했다. 래리는 살아 있는 아들과 다시 연락을 주고받으며 더 끈끈한 관계를 구축해나갔다. 상담 2년째에 래리는 아들의 집 근처로 이사했다.

몸의 증상들은 사라지지 않았지만, 래리는 내면 깊숙한 곳의 심리적 고통을 자각함으로써 스스로를 이해하고, 자기 자신과 매슈, 그리고 자신의 삶에 더욱 가까워졌다.

래리는 사람들과 어울리며 친구를 사귀기 시작했고, 정말 오랜만에 연애도 했다. 마음이 통하는 사람들에게, 그에게 두 아이가 있노라고, 한 명은 살아 있고 한 명은 죽었노라고 털어놓는 것도 큰 도움이 되었다. 그리고 래리는 매슈의 존재감을 더 자주 느꼈는데, 이는 그의 치유에 결정적인 역할을 할 것이다.

 내가 래리의 소식을 마지막으로 들은 날은 매슈의 기일이었다. 래리는 묘지에 다녀왔다며 내게 사진 한 장을 보냈다. 매슈가 좋아했던 야구팀의 모자가 무덤에 놓여 있었다. 래리는 아들을 기억할 용기를 낼 수 있게 도와줘서 고맙다고 인사했다. 이런 용기야말로 온전한 인간이 되는 데 꼭 필요하다.

32

슬픔은 질병이 아니다

안전한 길을 찾으려는 헛수고는 그만두자.

―조이스 웰우드(작가)

애도 중인 사람에게 이렇게들 많이 묻는다. "아직도 그렇게 슬퍼요?" "언제까지 그렇게 슬퍼할 거예요?" "우리가 어떻게 도와주면 슬픔이 멎을까요?"

애도에 관해 말하자면, 우리가 평안을 얻거나 치유되거나 애도를 마무리할 수 있는 때와 장소는 따로 정해져 있지 않다. 애도는 하나의 과정, 구불구불하니 끝없이 이어지는 기나긴 길이다. 그 길을 여행하는 동안 풍경이 계속 변화한다. 어떤 구간은 황량하고 또 어떤 구간은 아름답지만, 모두 같은 길이다. 그리고 애도 자체가 목적지이다. 애도의 매 순간 우리는 도착하고 있는 셈이다.

그러나 의료계, 종교계, 교육계, 사회 체계는 우리에게 정반대의 메시지를 보낸다. 상실의 슬픔은 치료하고 제거해야 할 질병이라고 말이다. 공감이 결핍된 문화가 노골적으로 보내는, 혹은 올바른 애도를 규정하며 넌지시 강요하는 이런 메시지들은 우리와 사별의 관계를 특징짓고 좌지우지한다. 이는 사별한 사람들이 겪는 가장 큰 어려움 중 하나다.

공감이 결핍된 우리 사회에는 애도에 대한 특정한 인식을 퍼뜨리는 허울 좋은 말들, 애도자의 심리를 압박하는 말들이 넘쳐난다.

그 사람, 더 좋은 곳으로 갔을 거야.
그곳에서는 더 이상 힘들지 않을 거야.
모든 일에는 이유가 있는 거야.
이제는 털어버리고 앞일을 생각해.
그런 감정은 정상이 아니야.
그렇게 슬퍼하다간 정신병이 생길 수도 있어.
[아이, 배우자, 부모, 손주 등등]을 봐서라도 기운 차려.
설마, 아직도 슬픈 거야?
약이라도 좀 먹어봐.
지금쯤이면 괜찮아야 하는 거 아냐?
이렇게 오랫동안 힘든 건 정상이 아니야.
아이는 또 가지면 되지.
그만 잊어.
신의 뜻을 믿어.

그냥 내려놔.

하느님이 그분 정원을 돌볼 천사가 필요하셨던 거야.

[이런 치료, 저런 기법]을 시도해봐. 치유에 도움이 될 거야.

그 일을 생각하지 마.

행복한 생각만 해.

좋았던 때를 기억해.

힘들었던 때는 생각하지 마.

힘든 기억 대신 좋은 추억만 떠올려.

산 사람은 살아야지.

　슬픔을 거부하는 사회에서 애도자의 주변인들은 슬픔이 전염되어 그들 자신의 고통을 마주하게 될까 두려워 회피를 정당화하고, 생각조차 하기 싫은 일을 외면해버린다. 그들은 슬픔을 고치려 든다. 저명한 심리치료사 로버트 스톨로로(Robert Stolorow)는 이를 '슬픔과의 전쟁'이라 부른다. 아이를 또 낳는다거나 다시 결혼한다고 해서 문제는 해결되지 않는다.

　이렇게 슬픔을 오래도록 느끼는 건 정상이다. 그리고 우리가 사랑하는 이들에게 우리의 곁보다 '더 좋은 곳'은 없다. 상실의 슬픔은 고칠 수 없고, 그래서도 안 된다. 우리 문화는 고통스러운 감정의 강한 표출을 두려워하기에 제도와 기관을 이용하여 슬픔을 억누르고, 슬픔을 감추도록 강요하고, 비통한 울부짖음을 약으로 잠재우고, 막아서는 안 되는 것을 억지로 막아 진정시킨다. 허울 좋은 이야기들로 정상적인 애도에 관한 신화와 잘못된 정보를 퍼뜨린다. 그래서 어떤 사람들은 고통으로부터 달아나고픈 유혹을 느끼고, 그것이 현명하다고까지 생각한다.

그러나 논리 정연하고 깔끔하고 교양 있는 애도란 없다. 상실의 슬픔은 관습을 깬다. 그것은 원초적이고, 난폭하고, 혼란스럽고, 고통스럽게 몸부림치고, 확실히 야만적인, 날것의 감정이다. 하지만 인간적인 열정의 증거이기도 하며, 감정이 없는 자, 벽을 치고 완강히 사랑을 거부하는 자, 친밀한 관계를 멀리하는 자만이 슬픔을 피할 수 있다.

어떤 간섭도 어떤 간섭주의자도 우리의 비통함을 '치료'할 수 없다. 우리는 망가진 것이 아니다. 우리의 마음이 부서진 것이다.

슬픔은 치료해야 할 질병이 아니다. 슬픔은 해결해야 할 영적 위기가 아니다. 슬픔은 처리해야 할 사회 문제가 아니다. 슬픔은 그저 마음으로 느껴야 할 문제이다. 19세기 하시드파 랍비인 코츠케르 레베(Kotzker Rebbe)가 말했듯 "부서진 마음만큼 온전한 마음은 없다."

33

처리하지 못한
외상적 슬픔의 위력

상실 후의 슬픔은 고통으로 다가오지만, 실은 사랑의 확인이다.

— 레온 비젤티어(비평가)

처음 만난 날, 그레천은 어머니 제이드가 알코올 중독이나 (병원과 길거리에서 구한) 약물 남용으로 죽을까 봐 무척 두려워했다. 혼자 사는 젊은 여성 그레천은 삶의 대부분을 부모 역할을 하며 보냈다. 모녀가 서로 바뀌어 그레천은 양육자, 제이드는 자해를 일삼는 아이가 되었다. 그레천은 제이드를 돌봐야 할지 연을 끊어야 할지 갈팡질팡하고 있었다.

제이드는 어린 시절 성적 학대를 당했고, 어머니와 남편을 비롯하여 가까운 이들을 많이 잃었다. 그레천의 아버지는 그레천이 10대였을 때 암으로 고통스럽게 죽었다. 약물 남용으로 치료 센터를(알코올 중독에 정신과 약을 처방해주는 곳이었다) 들락날락하던 제이드는 파편화된 삶에 이골이 나 있었다. 제이드는 약과 알코올의 양을 점점 늘려가며 계속 감정적 고통을 마비시켰다. 의료 기관들은 제이드가 겪은 사별의 슬픔과 트라우마는 들여다보지 않았다. 제이드가 고통에 대처하는 방법을 개선하는 데에만 초점을 맞출 뿐, 정작 필요한 연민 어린 지원과 심리 교육은 제공하지 않았다. 이렇게 자기 파괴의 악순환은 반복되었고, 제이드는 지원 시스템으로부터 더욱 멀어졌다.

유일하게 제이드를 포기하지 않은 그레천은 어머니에게 손을 내밀었고, 자신의 감정적·금전적·사회적 안정을 번번이 희생했다. 제이드는 일 년 반 정도 약물을 최소한으로 줄였고, 단언하기를 술을 끊었다고 했다. 상담도 받았지만 외상적 슬픔을 다루지는 않았다. 그래도 한동안 제이드는 음주와 약물 복용을 자제하며, 수년간 자가 치료로 인해 쌓여 있던 피상적인 문제들에 대응했다. 하지만 외상적 슬픔의 핵심과 다시 마주하지 못한 것이 패착이었다. 트라우마에 정통한 심리 치료사의 적절한 도움을 받지 못한 제이드는 절망의 구렁텅이로 도로 빠져버리곤 했고, 그러면 거기서 빠져나오려는 절박한 마음에 예전부터 알았던 유일한 수단인 자가 치료에 다시 기댈 수밖에 없었다.

일 년쯤 지난 어느 끔찍한 여름날, 제이드가 전화를 받지 않자 그레천은 무슨 일이 생겼나 싶어 어머니 집을 찾아갔다. 제이드는 죽어 있었다.

그레천은 길을 잃은 듯 방황했고, 어머니의 죽음에 죄책감과 수치심을 느꼈다. "내가 엄마의 슬픔을 묵살해버렸어요. 그 얘길 듣기가 지긋지긋했거든요. 엄만 그저 내가 엄마 얘기를 들어주고 엄마를 봐주고 사랑해주기를 바랐을 뿐인데…… 난 들어주지도 않고 봐주지도 않고 데면데면 굴었어요. 지금은 감수하며 살고 있지만, 언젠가는 엄마의 인생, 엄마의 죽음에 대해 느끼는 책임감을 내려놓을 수 있었으면 좋겠어요."

애도 작업을 통해 고통스러운 감정과 함께한 그레천은 자신의 마음을 다음과 같은 글로 표현했다.

엄마, 딸 / 순수한 사랑 / 어릴 적 당신은 내 단짝 친구였습니다 / 당신은 나의 엄마였죠 / 당신은 술을 마시지 않고는 버티지 못했어요 / 술은 나의 적이 되었고 / 술은 당신을 빼앗아 갔어요 / 언제 우리의 역할이 뒤바뀌었을까요? / 언제 내가 엄마가 되었을까요?
당신은 술을 마셨고 / 난 걱정했죠 / 당신은 술을 마셨고 / 난 울었죠 / 술 한 잔 한 잔이 짓뭉개버린 희망 / 그렇게 세월이 흐르고 / 난 당신이 죽을까 봐 너무 무서웠어요.
당신이 술을 끊었습니다 / 맨정신으로 돌아온 거예요 / 우린 역할을 바꾸었죠 / 당신은 엄마, 나는 딸 / 안도감 환희 뿌듯함 / 일 년 반 동안 당신은 나의 엄마였어요 / 일 년 반 동안 난 당신의 딸이었어요 / 그 첫 술에 나는 무너졌습니다 / 당신은 내 눈앞에서 죽어가고 있었어요 / 당신은 더 이상 전화를 하지 않았어요 / 당신은 전화를 받지 않았어요 / 난 두려움에 휩싸였죠 / 죽은 거야 / 아니야, 그냥 술에 취한 거야 / 몇 달이 지나고 / 술이 당신의 영혼을 지배해버렸습니다 / 악마들이 이기고 있었어요.

아니, 아니, 아니, 이럴 수는 없어요 / 눈물이 흐르고 / 온몸이 떨리고 / 마음이 얼어붙습니다 / 당신의 죽음을 애도하고 / 당신을 그리워하며 / 갑자기 엄마를 갈구하는 어린 소녀가 되어버렸어요 / 당신이 보고 싶습니다 / 당신을 위해 웁니다 / 당신은 내 사랑을 아셨나요? / 당신이 없어 난 방황합니다 / 회한 / 죄책감 / 고통 / 어떻게 내가 미련 없이 돌아설 수 있겠어요? / 당신을 보지 않고 어떻게 견딜 수 있을까요? / 당신은 죽었어요 / 당신이 그립습니다 / 당신을 사랑합니다 / 당신은 나의 엄마입니다 / 난 당신의 딸입니다 / 미안해요, 미안해요, 미안해요 / 더 아껴주지 못해서 / 술이 우리 두 사람 눈을 가려버렸어요 / 술이 우리 둘을 망가뜨렸어요.

당신이 그립습니다 / 당신을 사랑합니다.
당신은 나의 엄마입니다 / 난 당신의 딸입니다.

그레천과 제이드의 이야기는 망가진 사회 체계가 고통받는 자를 더욱 큰 고통으로 몰아넣는 과정을 여실히 보여준다. 이런 식으로 외상적 슬픔은 대물림된다. 외상적 슬픔을 회피함으로써 제이드의 죽음이 더욱 앞당겨졌고, 이제는 그레천이 제이드의 죽음 때문에 고통스러워하고 있다.

사회가 연민 어린 지원을 통해 치명적인 궤적의 방향을 바꾸어놓지 못한 탓에 이런 악순환이 일어난 것이다. 상실의 슬픔에 대한 깊은 이해 없이 권한을 휘두르는 자들은 영구적인 피해를 발생시킬 수 있다.

34

오래 침묵당한 슬픔

> 그토록 소중한 이의 죽음을 슬퍼하는 데 무슨 제약이, 무슨 한계가 있어야 하는가?
>
> —호라티우스(로마 시인)

얼마 전, 사별의 슬픔을 고치려 드는 경솔한 개입으로 인해 피해를 본 세계 곳곳의 애도자들로부터 네 통의 이메일을 받았다.

자식을 잃은 한 엄마는 이렇게 썼다. "내가 울기 시작했더니 심리치료사가 끼어들어서 울지 말라고 하더군요. 대신에 얼굴을 톡톡 두드려보라는 거예요. 내 눈물이 너무 수치스럽게 느껴졌어요."

또 다른 엄마의 이메일은 이랬다. "한참이나 지났는데 아직도 매일 눈물 바람이니 정신과 입원 치료를 받으라더군요.

입원해 있는 동안은 고문당하는 것 같았어요. 말 그대로 고문이었죠. 약을 안 먹겠다고 하면 결박당했어요. 너무 참담했어요."

아내를 잃은 한 남성의 이야기는 이랬다. "목사님이 그러는 겁니다, 내가 슬퍼하는 걸 하느님이 원치 않으신다고요. 그러니 슬픔을 피하려면 술을 마실 수밖에 없었어요."

또 다른 엄마는 죽은 아이의 사진을 사무실 책상에 올려놨더니 동료들이 지나가면서 다들 쓴소리를 하더란다. 넉 달이나 지났는데 "아직도 연연하는" 것이 보기 불편하다고 말이다. (나는 이 엄마에게, 진짜 문제는 당신의 부족함이나 부적절함이 아니라 그들의 두려움일 수도 있지 않겠느냐고 답해주었다.)

2013년 3월 어느 날, 앤이라는 나이 지긋한 여성의 편지를 받았다. 앤은 사별을 겪고도 그 슬픔을 주변 사람들에게 이해받지 못했다.

조앤 박사님께

박사님이 하시는 일이 내게 얼마나 큰 의미가 있는지 표현할 길이 없네요. 나는 1966년 2월 15일에 내 아기 바버라를 잃었습니다. 바버라는 겨우 16시간 살았어요. 달수를 다 채우고도 11일 늦게 나왔죠. 나는 병원에서 37시간 30분 동안 진통했답니다. 제왕절개를 해야 했지만, 내가 외래 환자라 의사 다섯 명의 동의를 받아야 하는데 동의를 받지 못했다더군요. 그때 남편과 나는 어려서 세상 물정을 잘 모르기도

했고, 의사의 말이라면 무조건 신뢰했어요. 사별 가족을 도와주는 단체 같은 것도 없었어요. 가톨릭계 병원이라 신부님을 불러달라고 부탁했는데, 그 끔찍한 상황에 누구 하나 와서 나를 도와주지 않더군요. 성찬식 때는 우리가 직접 복도로 나가야 했어요.

둔위 분만을 한 뒤 꿰맨 자리가 너무 아픈 데다 진이 빠져서 걸을 힘 하나 없었어요. 그 비통함은 달랠 길이 없고 너무 외로웠죠. 아무도 바버라 얘기를 안 하려는 거예요. 돌봐주고 안아주고 사랑해줘야 할 세 살배기 아이가 있었지만, 그래도 내 외로움은 가시질 않더군요.

9월 즈음엔 남편 손에 이끌려 병원에 가서 항우울제를 처방받았는데, 그 약을 먹었더니 몸이 무거워져서 어린 딸을 돌보기는커녕 고개를 드는 것도 버거웠어요. 딸도 힘겨운 시간을 보내고 있었죠. 동생이 태어났는데 아파서 집에 못 온다고 했다가 결국엔 하늘나라로 떠났다니까. 어떤 세 살짜리가 그걸 이해하겠어요.

그 오랜 세월이 지나서도 나는 상실을 극복하지 못했습니다. 아직도 내 팔이 허전하게 느껴져요. 차마 바버라를 보러 갈 수도 없었어요. 병실에서 기계들에 둘러싸여 튜브를 꽂고 있는 바버라, 내 오빠가 사준 세례복을 입고 조그만 흰색 관 속에 누워 있는 바버라가 생생하게 기억납니다.

아기의 목숨도 중요하다, 내 슬픔은 진정이며 정당하다, 그때 누군가 날 도와줬어야 했다는 박사님 말씀에 나는 울음을 터뜨렸습니다. 내가 이야기할 수 있는 곳을 찾았구나, 이제 치유될 수 있겠구나 하는 생각이 들었거든요. 조앤 박사님, 그땐 다른 사람들이 바버라의 죽음을 진짜 상실로 봐주지 않았기에 난 '아이를 잃은' 엄마가 될 수 없었습니다. 하지만 나에게 바버라는 그 무엇보다 실재하고, 바버라를 향한 내 사랑도 마찬가지랍니다.

좋은 일을 해주셔서 고맙다는 인사를 드리고 싶어요. 5년 반 전에 남편이 심각한 합병증을 동반한 암으로 세상을 떴습니다. 시간이 조금 걸리긴 했지만, 호스피스 자원봉사를 통해 남들을 도울 수 있다는 사실을 알았어요. 우리에겐 호스피스가 없었지만요. 이렇게 내가 남을 돕고 있으니 남편과 바버라의 삶도 결코 헛된 것이었다 할 수 없겠죠.

박사님의 연구, 박사님의 말씀, 박사님의 도움에 다시 한번 감사드립니다.

어쩌면 이젠 나도 치유될 수 있을 것 같아요.

앤 드림

50년 가까이 앤의 고통은 침묵에 싸여 있었다. 두 번째 아이를 잃은 슬픔, 그리고 그 슬픔이 가족 모두에게 미쳤을 영향을 생각하면, 그 고통의 일부는 가치 있고 필연적인 것이었다. 그러나 대부분은 겪지 않아도 될 고통이었다. 연민의 손길과 사랑 대신 회피와 두려움을 널리 퍼뜨리는 문화 구조를 순순히 따르는 사람들 때문에 겪어야 하는 고통 말이다.

슬픔은 자기를 보라고 느끼라고 요구한다. 슬픔을 보고 느낄 때 우리 마음은 활짝 열려 드넓게 확장된다. 앤은 47년이 지나서 마침내 자신을 되찾고 인간의 기본 권리인 애도할 권리를 되찾을 수 있었지만, 누구나 그렇듯 슬픔이라는 무거운 짐을 함께 짊어줄 사람들이 필요했다.

우리는 우리와 함께 기억해줄 사람들이 필요하다. 연민이 필요하다. 공감이 필요하다. 슬픔 근육을 서서히 스트레칭하여 힘을 키워 나갈 수 있는 용기가 필요하다. 그러면 언젠가는 슬픔의 무게를 감당하기가 좀 더 수월해질 테고, 또 언젠가는 남을 도울 수도 있게 될 것이다.

마음속 깊이 박히는 조언을 맹신해서는 안 된다. 아무런 편견 없이 함께 걸어줄 사람을 찾아야 한다. 슬픔을 치료해주겠다고 장담하는 사람은 피하는 것이 좋다. 해답은 전혀 모르지만 그 모르는 세계로 기꺼이 함께 들어가겠다는 사람과 함께해야 한다. 영혼을 보듬는 일을 하는 사람들을 찾아 동류인 그들과 손을 맞잡아야 한다. 남의 이야기에 귀를 기울여야 한다. 그러면 우리와 마찬가지로 슬픔에 잠긴 사람들을 알아볼 수 있다. 그런 사람들은 많고, 그들은 아름답다.

35

죄책감과 수치심

> 고통은 언제나 그 자리에 있다. 문을 닫아 막으면, 고통은 다른 곳으로 들어오려 문을 두드린다.
>
> — 어빈 얄롬(심리치료사)

'순응'이란 '무언가에 스스로를 맡긴다' '무언가를 내어준다'는 의미이다. 애도의 맥락에서 보자면, 우리는 슬픔에 스스로를 내맡긴다.

일상에서 벗어나 의도적인 애도의 성스러운 공간으로 들어가는 데 도움이 되는 것이라면 뭐든 순응을 실천하는 방법이 될 수 있다. 지지 모임을 찾는다거나, 사실보다는 감정에 중점을 두고 자신의 이야기를 새롭게 구조화하는 작업을 반복한다든가, 몇 개월이나 몇 년에 한 번씩 사랑과 애도의 이야기를 쓰면서 변화와 성장을 가늠해보는 식으로 말이다.

우리 내면의 관점은 밖으로 나가 남들의 눈에 목격되려 하고, 외부의 관점은 우리 내면으로 들어와 마음속 깊숙이 자리 잡으려 한다. 내 경우에는, 1994년에 샤이엔이 어떻게 죽었는지 그 구체적인 내용은 머릿속에 그대로 남아 있지만, 딸아이의 죽음에 대한 생각은 크게 달라졌다. 상실의 이야기를 의도적으로 되돌아보고 매번 고쳐 쓰며 거기에 나를 내맡기고 순응한 덕이다. 상실에 대해 현재 느끼는 감정을 구체적인 단어로 표현해보는 것도 도움이 된다.

서른일곱 살의 아내 줄리를 자동차 사고로 잃은 글렌은 감정을 표현하는 데 서툴렀다. '슬프다' '화난다' '혼란스럽다' '막막하다' 이 네 단어만 주로 사용하여 자신의 감정을 묘사했다. 우리가 만나기 시작한 건 줄리가 죽은 지 2년 정도 지난 후였다. 글렌은 매번 똑같아 보이는 이야기만 반복하자니 지친다고 했다. 그래서 나는 그에게 감정을 묘사하는 데 사용하는 단어를 신중하게 골라보라고 권했다. 글렌은 일주일에 하룻밤은 시간을 내어 그 순간 떠오르는 특정한 감정에 어울리는 구체적인 단어를 찾는 연습을 했다.

어느 주에 분노는 "내 명치 속의 불길"이 되고, 슬픔은 "누군가 내 가슴 속으로 손을 집어넣어 심장을 뽑아낸 것 같은 느낌"이 되었다. 구체적인 감정을 표현하는 작업을 시작하면서, 순간순간에 자신을 내맡기기 시작하면서 글렌은 자신에게 얼마나 많은 감정이 있는지를 알아차렸다.

글렌은 줄리와의 '데이트'에 얽힌 이야기를 들려주면서 자주 울기도 했지만, 두 사람이 함께한 시간의 한없는 고마움을 아주 조금이나마 깨닫기 시작했다. 이전에는 '좋은' 기분을 느끼는 건 줄리를 배신하는 일이라 생각했다. 하지만 '감정 일기'를 쓰는 활동을 통해 '좋은' 감정과 고통스러운 감정이 서로 배타적이지 않고 공존한다는 사실을 깨달았다. 감정 표현을 연습할수록 글렌의 내면에 더 많은 감정이 흐르는 듯했다. 아내보다 더 오래 살고 있다는 죄책감까지. 글렌이 자각하든 아니든 그 감정은 언제나 존재했다.

사별한 후 죄책감과 수치심으로 힘들어하는 사람들이 많다. 외상적 슬픔을 겪는 경우, 특히 아이가 죽거나 한 사람이 다른 사람의 죽음에 직접적인 책임이 있으면 더욱 그렇다. 안전한 공간에서 수치심과 죄책감 속에 머물기만 해도 그 감정들의 위력을 상쇄하는 데 도움이 된다. 그런 곳에서라면 감정을 옳고 그름, 좋고 나쁨으로 판단하려는 욕구를 버릴 수 있다. 이것만으로도 수치심과 죄책감은 흩어지고 희석된다.

알렉산드라는 외동인 매기의 죽음에 책임이 있었다. 매기가 죽은 지 2년이 지났을 때 알렉산드라가 나를 찾아왔다.

알렉산드라는 변장의 달인이 되어 항상 행복한 척하며 매기를 기억에서 지우려 애썼다. '회피용 둔갑술'을 부리고 있었던 셈이다. 알렉산드라가 왜 그래야 했는지는 쉽게 이해할 수 있다. 매기는 알렉산드라가 텔레비전을 옮기려다 놓치는 바람에 머리를 다쳐 죽었다. 알렉산드라는 매기가 근처에 있는 줄 몰랐다.

알렉산드라가 자신의 음주 문제를 알아차리고 도움을 받기로 결심하면서 우리의 애도 작업이 시작되었다. 알렉산드라는 아이의 죽음이 자기 탓이라고 자주 한탄했지만, 감정을 털어놓으려고 하면 사람들은 스스로를 용서하라며, 그 일을 잊으라며 알렉산드라의 죄책감을 묵살해버렸다. 사람들은 알렉산드라가 알고 있는 진실을 부정했다. 고의는 아니었지만 알렉산드라의 행동이 매기의 죽음을 초래했다는 것. 알렉산드라는 죄책감과 수치심을 이야기할 수 있는 안전한 공간이 필요했다.

안전한 공간을 찾지 못한 알렉산드라는 그 일에 관해서 아예 입을 다물어버렸다. 사람들이 별생각 없이 반사적으로 보이는 반응이 지긋지긋했다. "당신 탓이 아니에요." "죄책감 느끼지 말아요." "당신이 슬퍼하는 건 매기도 바라지 않을 거예요." "울지 말아요, 다 괜찮아질 테니까." 연민의 가면을 쓰고 날아드는 이런 메시지들이 알렉산드라에게는 부정직하고 고압적이고 이기적으로 느껴졌다. 사람들이 그의 감정을 제대로 봐주지도 않고 틀렸다고 말하는 것 같았다. 알렉산드라는 가장 우울한 순간 피난할 수 있는 곳, 슬픔의 가장 고통스러운 측면을 봐줄 사람을 갈구했다. 마음 놓고 슬픔을 드러낼 수 있는 안전한 곳을 아직 찾지 못하고 있었다.

알렉산드라는 죄책감을 덜어줄 사람이 필요한 게 아니라고 말했다. 절망감을 덜어줄 사람이 필요한 게 아니었다. 행복을 찾도록 도와줄 사람이 필요한 게 아니었다. 내가 하는 일에 부합하는 생각이었다.

나는 사람들의 기분이 좋아지도록 돕지 않는다. 사람들이 느끼도록 돕는다. 편견 없이, 뭐라도 바꾸려는 욕심 없이, 내 시선을 피하지 않고. 우리는 애도 작업을 진행하는 동안 알렉산드라의 수치심과 죄책감을 의식적으로 맞아들여 그 감정들과 함께 많은 시간을 보냈다. 그 손님들에게는 환영받을 공간이 필요했고, 알렉산드라에게는 감정 표출이나 속죄가 필요했다. 이제 알렉산드라는 그런 감정들을 거리낌 없이 공유할 수 있게 되었고, 그 속에서 속죄하고 매기에게 회한을 터놓았다.

알렉산드라는 매기가 쓴 편지에 끝내 답장하지 못했지만, 사과하고, 용서를 구하고, 이 세상이 끝나도 그치지 않을 사랑을 표현하는 것은 중요한 감정 훈련이었다.

내가 죄책감과 수치심에 빠져 사죄를 구했던 건 15년 전의 일이다. 내 딸이 죽은 지 일 년이 더 지났을 때였다. 어느 절박한 순간, 바닥에 앉아 검은색 스프링 노트에 샤이엔에게 보내는 편지를 썼다. "샤이엔." 눈물을 흘리며 이렇게 시작했다. "샤이엔, 정말 미안하다, 아가야. 정말, 정말, 정말 미안해." 미안하다는 말로 네 페이지를 채운 후에는 내 잘못을, '잘못된' 생각(네가 죽어가고 있다는 걸 알았어야 했는데)과 '잘못된' 감정(이런 감정을 느끼면 안 되는데)을 고백했다. 마지막에는 샤이엔에게 용서를 구했다. "제발, 아가야, 제발 엄마를 용서해줘. 널 살릴 수만 있다면 내 목숨이라도 바칠 거야. 제발 날 용서해줘. 사랑해. 사랑해, 사랑해. 영원히 널 사랑할 거야. 정말 미안해, 정말 정말 미안해. 영원히. 엄마가."

　이 편지를 다 쓰기까지 꽤 많은 시간이 걸렸다. 그리고 끔찍이 괴로웠다. 나는 울었다. 편지를 다시 읽었다. 더 울었다. 그렇게 한참이나 소리 내어 실컷 운 건 오랜만이었다. 마음 아프면서도 기분 좋았다.

　울음이 그치자 내 내면을 들여다보며 기다렸다. 호흡 사이 사이의 빈틈에 아주 신기한 일이 벌어졌다. 나는 노트를 펼치고 펜을 쥐고는 손 가는 대로 자유롭게 쓱쓱 써나가기 시작했다. 그때 쓴 글의 첫 단어는 "엄마에게"였다. 그에 뒤이어 어린 소녀의 목소리로 샤이엔이 내게 사랑한다 말해주고, 아직 스스로 용서할 생각이 없는 나를 용서해주었다.

　특별하다는 말로는 부족한 순간이었다. 내 죄책감과 수치심이 줄어들진 않았지만, 엄마로서 내 마음에, 내 영혼에 변화가 일어났다. 샤이엔과 나의 관계, 그리고 나의 애도를 바꾸어놓은 결정적인 순간이었다.

36

공감과 연민

여기 우리 모두 한자리에 모였네,
인간들의 욕망과 상처가.
당신이 추운 데서 들어오면
절망과 희망이 마주 앉아 있지.

―캐리 뉴커머(싱어송라이터)

미치는 트럭을 후진하다 아들 라마를 치어 죽였다. 라마의 형을 위한 생일 파티에 쓸 물건들을 사러 급하게 나서는 길이었는데, 그를 따라 나온 라마를 미처 보지 못한 것이다. 미치는 라마가 죽고 이틀 후에 나를 찾아왔다. 그는 심각한 쇼크로 인해 이 비극을 완전히 이해하지 못하고 있었다. 사별 초기 시점에 내가 할 수 있는 일은 안전한 공간을 마련해주고 트라우마가 더 심해지지 않도록 돕는 것밖에 없었다.

독실한 기독교도인 미치에게는 하느님이 이런 일을 허락했다는 것이 믿기지 않을 뿐이었다. 온 세상이 무너져 내리는 느낌이었다. 그리고 그 중심에는 이런 사실이 있었다. 자신이 모두에게 고통과 괴로움을 안겼다는 것. 자신이 원흉이라는 것. 그 당시에는 견디기 힘든 사실이었다. 미치는 아이를 잃은 다른 부모를 차마 마주할 수 없었다. 비난의 눈초리를 받을까 두려워 남들에게 사연을 들려주지도 못했다. 미치의 아내는 너그럽게 용서했지만, 아내가 눈물을 흘릴 때마다 미치는 자신이 "아내에게 한 짓"을 떠올렸다.

몇 달 후 미치는 라마에게 편지를 썼다. 그 편지를 아내와 부모님에게 읽어주었다. 미치는 그 장소로 내 상담실을 골랐다. 나는 눈물을 흘렸다. 모두가 눈물을 흘렸다. 미치는 마음을 열고, 라마가 그에게 쓴 답장도 읽어주었다. 그날 상담실에는 지극한 고통과 손에 잡힐 듯 생생한 사랑이 공존했다. 후에 미치는 아내와도 가족과도 눈에 띄게 가까워졌다고 말했다.

그로부터 얼마 지나지 않아 미치는 라마가 죽은 후 처음으로 교회에 나갔다. 또 목사에게 외상적 슬픔에 관해 나와 이야기를 나누어보라고 부탁했다. 그러면 앞으로 자신의 가족을 어떻게 도와야 할지 잘 알 수 있을 거라고 말이다.

슬픔과 함께하는 동안 우리 마음은 주로 내면으로 향하여 자아에 초점을 맞춘다. 슬픔에 순응하면 그 초점은 자아와 타자 사이에서 흔들린다. 수년이 지난 후에도 슬픔이 자기를 봐달라고 느껴달라고 요구하면 우리는 슬픔과 함께하고, 마음이 온화하게 열리면 타인의 고통도 좀 더 선명하게 보이기 시작한다.

내면으로 향하던 마음이 내면과 외부 사이에서 흔들리다 타인을 좀 더 선명하게 보기 시작하는 이런 진행 과정을 가장 뚜렷이 목격할 수 있는 곳이 바로 지지 모임이다. 사람들은 보통 자신과 비슷한 사연을 가진 다른 사람을 만나기 위해 모임에 참석하기 시작한다. 타인에게서 자신의 모습을 찾으려는 심정으로. 그렇지만 많은 이들이 다른 사연을 품은 사람에게도 점차 마음이 열리는 경험을 한다. 공감을 통해 타인과의 교감을 넓히는 능력도 성장한다.

마거릿은 아주 지적이면서도 산만한 중년 여성으로, 품이 낙낙한 옷을 입고 다니고 겨울에도 샌들을 신었다. 열일곱 살짜리 아들을 자살로 잃은 후 겨우 6주가 지났을 때 마거릿은 처음으로 지지 모임에 참여했다. 이 모임에서 수년 전 열아홉 살 아들을 역시 자살로 잃은 부부를 만났다. 부부가 들려주는 사연을 마거릿은 홀린 듯 들었다.

그들의 이야기에서 자신의 고통을 온몸으로 느끼기라도 하듯 마거릿은 발가락을 정신없이 꼼지락거렸다. 그날 밤 모임에서 아이의 자살을 겪은 사람은 마거릿 외에 그 부부뿐이었고, 그 후로 마거릿은 그들에게 의지했다. 여러 달 동안 마거릿은 다른 원인으로 다른 나이에 죽은 아이들의 부모와는 공감대를 형성하기가 어렵다며, 그들과는 거리를 두고 되도록 만나지 않으려 했다.

그로부터 아홉 달쯤 지났을 때, 한 어머니가 갓 태어난 아기를 잃은 경험을 들려주었다. 이 어머니는 세상으로부터 버림받은 듯한, 권리를 빼앗긴 듯한 느낌이라고 말했다. 딸이 죽은 때와 방식 때문에 사람들이 자신의 슬픔과 아이를 얕잡아본다고 했다.

마거릿은 그 어머니를 쳐다보며 울기 시작했다. 마거릿의 발가락을 내려다보니 정신없이 꿈틀거리고 있었다. 마거릿은 아주 다른 사연 속에서 자신의 이야기를 알아보았다. 이렇게 마음이 열린 후로는 다른 부모들과의 교감이 수월해지고, 연민의 폭도 넓어져 고통받는 타인들을 점점 더 많이 포용할 수 있게 되었다. 마거릿은 이 변화에 깜짝 놀랐다. 언제라도 무너질 듯 불안하면서도 기묘하게 강해진 느낌이었다. 마거릿은 고통의 역설을 실감하기 시작했다.

앤드리아의 경우도 비슷했다. 스물여덟 살의 여성 앤드리아는 아버지를 자살로 잃었고, 처음에는 비슷한 사연에만 공감했다. 그 후 3년 동안 서서히 '공감의 폭'이 확장되면서 다른 원인으로 부모를 잃은 자식들에 이어 자식을 잃은 부모들, 손주를 잃은 조부모들, 배우자를 잃은 사람들까지 품을 수 있게 되었다. 마지막으로 만났을 때 앤드리아는 모든 종류의 사별을 다루는 일반 지지 모임에 참여 중이었다.

앤드리아는 그 모임에 소속감을 느끼며, 다른 사람들의 이야기에 눈물을 흘렸다. 그리고 지금은 애도자 모임을 직접 운영하고 있다. 앤드리아는 고통을 피하지 않겠다는 의지와 자신의 비통함을 통해 "기묘하고 경이로우며 가슴 아픈 여정"에 오른 타인들을 너른 마음으로 연민하는 법을 배웠다.

고통에 순응하고 고통과 함께하는 연습을 하다 보면, 공감—타인과 하나 되는 느낌—의 폭이 넓어지는 경험을 하게 된다. 우리는 자신의 고통으로 인해 마르지 않는 연민의 샘에 가닿을 수 있다. 사별의 슬픔에 빠졌을 때 타인들로부터 연민 어린 도움을 받고, 충분한 시간을 들여 애도하고, 자신을 돌보고, 자신만의 애도 의식을 치르다 보면, 그 속도는 느릴지라도 비범한 일이 벌어진다.

슬픔은 마음의 공간을 잡아먹기는커녕 새로이 만들어내고 자리를 양보하여, 서로 모순되는 고통과 사랑을(자신과 타인을 향한) 모두 받아들일 수 있도록 마음의 용량을 늘려준다. 우리는 느끼고 기억함으로써 이 과정에 참여한다.

37

사랑으로 기억하라

눈에 보이지 않는 사람들을 사랑하는 것은 우리 의무이다.

—쇠렌 키르케고르(철학자)

키르케고르의 《사랑의 실천》을 읽을 때마다 위로를 받고 그 내용에 고개를 끄덕이게 된다. 이 책에서 키르케고르는 죽은 자를 기억하는 것이야말로 가장 욕심 없고 가장 자유로우며 가장 신실한 사랑, 소멸하지 않으려 고통을 감수하는 사랑이라고 말한다. 아무런 보답이 없기에 욕심 없는 사랑이다. 사랑하는 고인을 아무리 외쳐 부른들 우리가 염원하는 방식의 화답은 들을 수 없다. 죽은 자를 계속 사랑해야 한다는 어떤 강압도 의무도 없기에 자유로운 사랑이다. 그저 선택의 문제일 뿐이다. 헌신이 필요하기에 신실한 사랑이다. 애정과 용기와 다정함을 바쳐도 죽은 자로부터 돌려받을 수 없다.

죽은 자는 우리에게 매달리지 않는다. 그래도 우리는 고인을 기억함으로써 신실하게 확고한 의지를 가지고 사랑한다. 우리의 마음에 그들의 자리를 남겨둔다.

키르케고르는 이렇게 말한다.

죽은 자와의 관계에서 우리에게 강요되는 것은 아무것도 없다. 오히려 죽은 자에 대한 사랑스러운 기억은…… 기억을 쫓아내려는 새로운 인상들로부터 스스로를 지키고, 시간으로부터도 스스로를 지켜야 한다…… 시간의 힘은 대단하다. 시간 속에서 사람들은 쉽게 새로이 시작하고, 그래서 쉽게 잊는다…… 그사이 삶의 다양한 요구들이 죽은 자를 부른다. 산 자들이 죽은 자에게 손짓하며 "우리한테 오라, 그대를 돌봐주겠다"라고 말한다. 그러나 죽은 자는 답할 수 없다.

또한 이렇게 조언한다.

죽은 자를 사랑한다면, 사랑으로 그를 기억하라…… 생각의 다정함, 표현의 명확성, 불변함의 힘, 삶의 긍지를 그에게서 배우라. 천부의 재능을 타고난 사람에게서도 배울 수 없는 것들이니…… 죽은 자를 기억하라. 그러면 이 사랑의 실천에 마땅히 따르는 축복뿐만 아니라, 인생을 이해하는 데 도움이 되는 최고의 지침 또한 얻게 될 것이다. 눈에 보이지 않는 사람들을 사랑하는 것도, 눈에 보이는 사람들을 사랑하는 것도 우리 의무라는 가르침을 말이다.

마리의 6개월 된 아기 챈스는 유아 돌연사 증후군으로 죽었다. 처음에 마리는 비통한 심정을 숨김없이 터놓았다. 그러나 슬픔을 부정하는 우리 사회가 보내는 익숙한 메시지에 시간이 갈수록 지쳐갔다. 챈스에 관해 솔직하게 이야기하면 안 될 것 같은, 슬픔을 드러내면 안 될 것 같은 느낌이었다. 그래서 마리는 챈스의 일을 입에 올리지 않았고, 그러자 챈스가 잊히기 시작하면서 얼굴도 잘 기억나지 않았다.

거의 10년이 지난 후 상실의 괴로움이 다시 찾아든 마리는 나를 찾아왔다. 슬픔과 함께하며, 좀처럼 입 밖에 내지 않았던 고통스러운 이야기를 되짚어보는 작업을 마친 후 마리는 챈스를 기억할 수 있는 물건을 만들고 싶다고 했다.

우리는 챈스에 대한 모두의 기억을 담을 상자를 만들기로 했다. 일명 '챈스의 상자'였다. 마리는 가족과 친구들에게 이메일을 보내어 챈스에 대해, 혹은 임신했을 때의 마리에 대해, 혹은 다른 연관된 순간들에 대해("마리, 네가 임신했다는 소식을 들었던 날이 기억나" "네가 처음 챈스를 만났을 때 지었던 표정이 기억나" 등등) 기억나는 것들을 적어달라고 부탁했다. 그런 다음 그 이야기들을 상자에 맞추어 길쭉한 조각들로 잘라 코팅했다. 챈스가 기억에서 잊힌다 싶을 때마다 마리는 상자에서 추억 하나를 꺼냈다. 이 습관은 마리를 지탱해주었고, 거의 20년이 지난 지금도 마리는 챈스와 가까워지고 싶은 날이면 상자를 연다.

사별 초기에 남들이 잊을까 봐 제일 두렵다고 말하는 사람들이 많다. 나 역시 그랬다. 샤이엔이 죽은 후 첫 몇 년 동안은 딸아이에 대한 기억이 희미해지기 시작하면(결국엔 희미해졌다), 딸아이의 살갗, 손가락, 체취, 중요한 특징들이 잘 떠오르지 않으면, 공황 상태에 빠졌다. 그래서 샤이엔에 관한 모든 것을 낱낱이 적고 모든 사진을 꺼냈다. 그 기억들을 마음에 새기며 이렇게 말했다. "제발, 제발, 잊지 마, 제발." 이렇게 샤이엔을 기억하는 연습을 했다. 그리고 오랜 세월이 지난 지금도 난 잊지 않았다. 여전히 기억한다.

가만히 귀를 기울이면, 제발 멀어지지 말라는 망자들의 탄원이 들린다. 그 외침을 너무 오래 무시하면, 우리 내면은 산산조각으로 부서진다. 그들을 기억하면, 그들을 오롯이 우리 마음으로 데려올 수 있다.

38

슬픔의 파도

슬픔과 무(無) 중에서 고르라면 나는 슬픔을 택하겠다.

— 윌리엄 포크너(소설가)

나는 샤이엔을 잊지 않으려 부단히 노력했다. 그리고 수년이 지난 후에도 딸을 기억할 때마다 또다시 슬픔에 빠졌다. 그래서 가끔은 그 일에 저항감을 느끼곤 했다. 댈 수 있는 핑계는 얼마든지 있었다. 너무 바빴고, 마감 기한을 지켜야 했으며, 넘어야 할 파도가 많았다.

어느 해 여름, 나는 문라이트 비치에서 서핑을 했다. 적조가 있으니 그만두라는 숙련된 서퍼들의 경고를 무시하고 파도타기를 시도했다. 바닷물은 나를 거듭거듭 위험하게 덮쳤다.

해변으로 돌아가 서핑이 슬픔에 관해 가르쳐준 것을 곰곰이 짚어보았다. 때때로 나는 어둡고 깊은 물속에 빠트려진 기분이 들었다. 그곳에서는 고통의 파도가 가차 없이 밀려들었다. 슬픔은 격랑처럼 나를 시커먼 물속으로 끌어당겨 내 의지와는 상관없이 익숙한 해변으로부터 멀리 실어갔다. 내 집도, 내 인생도, 망치처럼 나를 내리치는 큰 파도들 사이에 끼인 나 자신도 보이지 않았다. 나는 아주 잠깐이라도 하늘을 보려고 무진 애를 썼다.

파도는 끈질겼다. 나를 쓰러뜨리고 또 쓰러뜨려 방향 감각을 잃고 헤매게 만들었다. 격랑은 나를 물속으로 깊이, 더 깊이 끌어당겼다. 나는 숨을 헐떡였다. 슬픔에 맞서 싸웠지만, 슬픔은 점점 더 강해졌다. 나는 이길 수 없었다.

그때 슬픔이 단호하면서도 부드럽게 내 귓가에 속삭였다. "그냥 몸을 내맡겨. 이 고통 때문에 죽지는 않을 거야." 아주 잠깐, 그 충고를 따랐다. 그랬더니 놀랍게도 몸이 수면까지 올라가 약간의 공기를 허겁지겁 들이켤 수 있었다. 하지만 다시 공황 상태에 빠져 저항했더니, 내 폐를 가득 채운 슬픔의 시커먼 물이 나를 다시 끌고 내려갔다. 나는 저항하면 살아남지 못하리라는 걸 알았다. 그래서 몸을 내맡겼다. 힘을 빼고 몸을 맡겼더니 물결이 나를 수면으로 인도한 뒤 해안—익숙하면서도 익숙지 않은—까지 실어가 그곳에서 나를 풀어주었다.

모든 서퍼는 그런 자연의 힘을 이길 다른 방도가 없다는 걸 알고 있다. 그래서 서퍼들에게는 이런 진언이 있다. 파도에 몸을 맡겨라.

슬픔의 파도도 마찬가지다. 그 파도에 몸을 맡겨야 한다.

슬픔이 차분할 때나 미쳐 날뛸 때나 나는 그 움직임에 나 자신을 맡겼다. 그 변덕을, 그것이 내 입안에 남기는 쓴맛을 참았더니, 그것은 나긋해졌다. 우리는 조심스러운 동지가 되었고, 나는 집으로 돌아가는 길을 찾았다.

딸을 잃은 후 첫 몇 달과 몇 년의 슬픔을 나는 이렇게 견뎌냈다. 나 자신—내 감정, 내 눈물, 내 생각, 나만의 애도 의식, 내 고통—에 대한 의심을 거두고, 모든 것을 내려놓았다. 순응했다. 석 달 안에 애도를 마치지 못한 나 자신을 책망하지 않았다. 미소 짓는 연습을 그만두고, 억지로 즐거운 척하지 않았다. 슬퍼질 때마다 슬프다고 털어놓았다. 그 덕에 진정한 나로 있을 수 있었다. 진짜 나를 되찾고 나 자신을 믿을 수 있게 되는 것, 순응이 우리에게 주는 선물이다. 오랜 세월이 지난 지금도 문득문득 격랑에, 바다에 휩쓸릴 때가 있다. 그러면 나는 파도와 춤을 추고 또 춘다. 샤이엔을 기억하고 다시 슬픔에 빠지는 과정을 거듭한다.

나를 심연으로 끌고 내려가 숨을 멎게 한 것이 거센 파도였다면, 또 다른 어머니의 경우엔 어둠이었다. "그 그림자가 무섭게 다가오는 게 느껴지면 숨이 턱 막혔어요. 그래서 뭘 원하느냐고 묻지도 않고 그냥 밀쳐냈죠. 그게 뭔지 모르니까 그저 무섭기만 했어요. 그런데 잘 살펴봤더니 생각했던 것만큼 무섭지 않더군요. 말을 걸었더니 답이 돌아왔어요. 그래서 상대할 수 있겠구나 싶었죠."

격랑에 휩쓸리거나 어둠이 닥쳐올 때 이 순간은 지나가리라, 그러면 잠시라도 다시 숨 쉴 수 있으리라고 믿어보자.

39

나를 기억해줘요

사랑은 죽지 않아요. 사람이 죽을 뿐.

— 메릿 맬로이(작가)

2000년 이른 봄, 나는 자식을 잃은 부모를 대상으로 한 연례 리트리트를 계획 중이었다. 샤이엔과의 사별 초기에 큰 도움을 받았던 엘리자베스 퀴블러 로스(Elisabeth Kübler-Ross)* 박사님의 연구를 주제로 삼기로 하고, 프로그램에 사용할 박사님의 사진을 찾아보았다. 마음에 드는 사진이 한 장 있었다. 흐드러진 데이지 속에 있는 엘리자베스.

....
* 정신과 의사, 전 세계 호스피스 운동의 선구자이자 죽음 연구에 있어 가장 존경받는 권위자. 국내에도 소개된 《인생 수업》《상실 수업》 등을 통해 자신의 죽음이나 사랑하는 이의 죽음에 대처하는 수많은 사람들에게 위안과 이해를 주었다.

내 꿈에 딱 한 번 나온 샤이엔은 자기 머리에 비해 너무 큰 밀짚모자를 꼭 붙잡은 채 데이지 꽃밭을 달리고 있었다. 나는 샤이엔을 잡으려 뒤쫓아 달렸고.

나는 사진작가에게 이메일을 보내 사진 사용을 허락해달라고 부탁했다. 다음 날, 사진의 용도를 묻는 답장이 왔다. 나는 설명했다. 몇 통의 이메일이 더 오간 후―샤이엔의 죽음, 이 사진을 원하는 이유, 나의 애도 여정 초기에 퀴블러 로스 박사님에게 감화받았던 일 등을 이야기했다―사진작가가 말했다. "직접 연락해보세요. 번호 알려드릴게요. 어머니도 만나고 싶어 하실 겁니다."

잠깐! 어머니?

겁이 나서 전화를 못하겠다고 답장했던 것 같다. 하지만 어쨌든 전화했다. 알고 보니 박사님은 내 집에서 겨우 몇 킬로미터 떨어진 곳에 살고 있었다. 그래서 바로 다음 날, 박사님이 좋아하는 마리나라 소스 뿌린 앤젤 헤어 파스타를 한 접시 들고 댁으로 향했다. 그 후 박사님이 돌아가실 때까지 자주, 가끔은 일주일에 사나흘씩 만났다. 우리는 함께 영화를 보고, 팝콘을 먹고, 죽음과 애도에 관해 이야기했다.

이렇게 박사님과 교류하던 중에 외상적 애도 상담을 포기하고 싶은 순간이 몇 번 있었다. 자녀의 죽음으로 슬퍼하는 부모들을 끊임없이 접하다 보니 점점 지쳐갔다. 그럴 때면 박사님은 애초에 나도 딸과의 사별을 선택한 건 아니지 않냐고 다정하게 일깨워주었다. "계속해요, 조앤." 박사님은 이렇게 덧붙였다. "그래야 해요."

박사님이 돌아가시기 정확히 한 달 전, 나는 박사님이 돌아가시는 꿈을 꾸었다. 꿈속에서 나는 친구를 되찾고 싶은 간절한 마음에 흐느껴 울었다. 다음 날 박사님을 만나서 지난밤에 박사님 꿈을 꾸었다고 말했다.
"좋은 꿈이었나요?" 박사님이 물었다.
"아니요, 별로요."
"내가 죽었어요?"
"네."
"뭐, 그럼 좋은 꿈이었네요." 박사님은 장난스러운 미소를 지었다.
죽음이 싫지 않다는 그 말이 진심이라는 걸 나는 알았다. 박사님은 내가 당신을 기억할 때마다 바로 내 곁에 있을 거라는 말도 했다. 하지만 난 쉽게 작별을 고하지 못하리라는 걸 알기에 아무런 대꾸도 하지 않았다.

박사님 장례를 치른 밤, 나는 지치고 힘든 몸을 이끌고 집으로 돌아왔다. 벌써부터 박사님이 너무 그립고, 가슴을 옥죄는 슬픔이 밀려들었다. 슬픔이 누적되는 느낌이었다. 박사님을 잃은 슬픔. 고작 3년 전 어머니를 잃은 슬픔. 그리고 물론, 샤이엔을 잃은 슬픔.
밤 11시쯤 앞쪽 베란다로 나가 흔들의자에 앉아서 박사님을 생각하며 마음속으로 박사님에게 말을 걸었다. 박사님이 내게 하셨던 말씀이 사실이라는 명확한 증거를 보여달라고.

내가 당신을 기억하면 내 곁에 있을 거라던. 그리고 나는 눈을 감았다. 부질없는 짓이라 해도. 하지만 몇 분 후 밤하늘을 향해 눈을 떴을 때 별똥별이 보였다. 그것을 보는 순간 머릿속에서 또 박사님의 말씀이 들렸다. 나를 기억해줘요.

나는 기억하는 방법을 안다. 사랑하는 이들을 내 마음속으로 다시 불러오는 방법을 안다. 짙은 그리움과 슬픔이 덩달아 찾아온다 해도. 나는 엘리자베스를 기억한다. 그러면 내 곁에 있다.

40

소소한 애도 의식

의식은 무력감의 해독제이다.

—수키 밀러(심리치료사)

애리조나주의 어느 여름날, 다섯 살 소년 구라지는 남동생, 부모와 함께 수영을 하다가 발작을 일으켜 사망했다. 구라지의 부모인 구르빈데르와 라지는 병원을 떠난 지 겨우 두 시간 만에 내게 전화했다.

나는 그들 가족의 집으로 찾아갔다. 구라지와 동생이 함께 놀았던, 구르빈데르와 라지가 가족의 미래를 꿈꾸었던 집으로. 시크교* 공동체에 속해 있던 가족은 외상적 슬픔을 이해하려 애쓰며 막막한 심정으로 안절부절못하고 있었다. 검은 눈

....
* 힌두교의 신애(信愛) 신앙과 이슬람교의 신비 사상이 융합되어 탄생한 종교.

을 초롱초롱 빛내며 환하게 웃고 있는 구라지의 사진들이 집 안 곳곳에 보였다. 한 사진 속에서 구라지는 무시무종(無始無終), 신의 영원성을 상징하는 강철 팔찌인 카라(kara)를 끼고 있었다. 한방에 다 같이 모인 가족은 시크교 경전인《스리 구루 그란트 사히브(Sri Guru Granth Sahib)》를 처음부터 끝까지 소리 내어 읽으며, 한 명씩 차례로 내게 이야기했다.

구라지의 부모는 내게 시크교 장례식인 안탐 산스카르에 참석해달라고 부탁했고, 나는 기나긴 작별의 여정을 그들과 함께하는 것이 비극적 특권처럼 느껴졌다. 그들은 5년 동안 깎지 않은 구라지의 숱진 머리칼을 펼치며, 신의 완벽한 창조에 경의를 표하는 의미라고 설명했다. 그들은 슬픔의 눈물을 흘리며 구라지의 몸을 씻었다. 공동체의 연장자들이 구라지를 에워싸며 통곡했다.

화장하는 날, 수백 명의 시크교도들이 작별을 고하러 왔다. 장례 행렬은 구르빈데르를 따라 화장터로 향했고, 관례대로 아버지인 라지가 화장용 장작더미에 불을 붙였다. 나머지 사람들은 구르빈데르 옆에 서서 울었다.

의식은 우리 마음에 담긴 사랑과 고통에 경의를 표하는 역할을 한다. 어느 사회에든 죽음과 애도에 관련된 의식이 있다. 이런 의식을 통해 사랑하는 고인에게 더 가까이 다가가 유대감을 이어나간다. 감정을 표현함으로써 우리는 통제감을 되찾고, 삶의 의의를 느끼며, 공동체의 근간을 공고히 다져 그 안에서 상실에 잘 대처할 수 있다.

사별 직후 초기의 의식은 공적인 성격을 띤다. 가까운 친구들이나 가족과 함께 추모하고 애도한다. 촛불을 켜놓고 밤을 지새거나, 추도식을 열거나, 카드와 음식을 보내거나, 나무를 심거나, 고인의 이름으로 기부하거나, 시바(shiva)*나 경야를 치른다. 이렇듯 남들과 함께하는 의식은 대개 애도 초기 단계에 이루어지다가 시간이 갈수록 흐지부지된다. 사람들은 각자의 삶으로 돌아가고, 공동체나 가족의 특별한 의식은 시들해진다. 그중 남은 것들은 점점 더 개인적이고 소소한 의식으로 변해간다.

초기에도 소소한 의식이 있기는 하다. 고인을 안고, 보고, 씻기는 행위가 그렇다. 나중에는 그 형태가 달라진다. 대규모 행사를(맨발로 걷기나 장난감 기부나 음악 관련 활동 개최) 계획하기도 하고, 즉흥적이고 작은 의식을(아침마다 고인에게 "잘 잤어?"라고 인사하거나, 향을 피우거나, 기도하고 명상하거나) 실천하기도 한다.

전화 요금 고지서, 고인이 좋아하던 립스틱, 필적이 남은 메모 같은 유품을 간직하는 것도, 사교 활동에서부터 몸의 안락에 이르기까지 자신이 중시하거나 원하는 무언가를 희생하는 것도 소소한 의식에 포함된다. 이런 의식은 수십 년, 심지어 무기한으로 이어질 수도 있다. 공적이든 사적이든, 규모가 크든 작든 의식 행위는 사랑과 고통의 감정을 드러내는 수단이다.

....
* 유대교에서 친족 장례식 후 7일 동안 이어지는 애도 기간.

소소한 의식은 사랑하는 고인의 존재감을 우리 일상에 되살리는 중대한 수단이 된다. 가령, 아버지를 떠나보낸 한 남성은 매일 아침 "안녕히 주무셨어요, 아빠?" 하고 인사를 건넨다. 어느 여성은 15년 넘게 남편과 함께 썼던 침대에서 남편이 좋아하는 셔츠를 꼭 끌어안는다. 한 아버지는 전장에서 죽은 아들을 기리기 위해 저녁 식사를 할 때마다 식탁에 촛불을 켠다. 이런 작은 습관들은 규칙적인 삶 속에서 사랑하는 고인에 닿을 수 있는 공간을 만들어낸다.

나도 소소한 애도 의식을 많이 실천하고 있다. 예를 들어, 새해가 오면 목표 대신 다짐을 작성하는 의식을 통해 샤이엔을 기린다.

남과 갈등이 생기면 호흡을 가다듬는다.
큰 위협을 느끼면 호흡을 가다듬는다.
슬픔이 밀려들면 호흡을 가다듬는다.
실망감에 우울해지면 호흡을 가다듬는다.
진정한 나 자신과 함께한다.
정적 아래의 소리에 귀를 기울인다.
타인들이 오래도록 끌어안고 있는 고통을 본다.
위대한 스승—아이들과 자연—앞에 고개를 숙인다.
모든 것을 좀더 온전히 사랑한다.
우리가 서로에게 속해 있음을 기억하며, 두 팔 벌려 온 세상을 품는다.

또 '침묵의 날'을 정해 그 하루 동안은 입을 열지 않는다. '샤이엔을 추모하는 침묵의 날'이라고 적은 동그란 종이를 셔츠에 꽂고 다닌다. 이 작은 의식은 물론 큰 효력을 발휘하며, 내가 고인을 기억하기 위해 하루 동안 침묵한다는 걸 누군가 알아줄 땐 가슴이 찡해진다. 비슷한 맥락으로, 몇 달에 한 번씩은 온종일 금식하며 전 세계의 기아와 가난을 되새긴다. 일상의 소소한 애도 의식에는 이렇듯 몸과 감정의 희생이 따르는 경우가 많다.

2010년 8월의 어느 날 아침, 다섯 살 소녀 제이다는 잠든 엄마 조이의 몸 위로 기어 올라가 "엄마, 목련처럼 예쁜 엄마를 사랑해"라고 말하며 조이를 깨웠다. 그날 제이다와 남동생은 살해당했다.
  나와 함께 애도 작업을 수행한 몇 년 동안 조이가 거듭해서 치른 애도 의식은 문신하기였다. 문신을 통해 자신의 비통함과 끝나지 않은 사랑을 겉으로 표현했다.
  두 아이가 죽은 후 6주가 지났을 때 처음으로 문신을 했다. 제이다와 조던의 유골이 조이의 뒷덜미에 영원함의 상징으로 새겨 넣어졌다. 그날 제이다가 했던 말—"엄마, 목련처럼 예쁜 엄마를 사랑해"—도 새기며 조이는 또 한번 추모 의식을 치렀다. 작가 로버트 그린 잉거솔의 말도 문신이 되었다. "죽음의 밤에도 희망은 별을 봅니다. 사랑에 귀를 기울이면 바스락거리는 날갯짓 소리가 들립니다." 조이는 아이들의 이름 옆에 이 구절과 함께 연보라색 목련 두 송이도 새겨 넣었다.

조이는 조던이 좋아하던 노래, 시아의 〈Soon We'll Be Found(곧 우리는 발견될 거야)〉를 자주 들으며 그 가사에서 위안을 찾았다. "그러니 이리로 와, 우리가 행복해질 때까지 오래 걸리진 않을 거야. 눈을 감아봐, 우리가 잠이라 부르는 이 세상에 거짓은 없어. 상처받은 오늘은 버리자, 내일은 자유로워질 테니. 돌아봐, 우린 길을 잃었지만 곧 발견될 거야." 조이는 자신과 두 아이가 서로에게 돌아갈 길을 찾으리라 믿으며, 노래 제목을 가슴 오른쪽에 문신했다.

예술과 의식, 이야기와 창작, 행동과 말과 침묵, 상징과 고통 감수를 통한 크고 작은 애도 의식은 우리가 고인을 기억하도록 돕는다. 그럼으로써 사랑하도록 돕는다.

41

연민으로
삶의 의미 찾기

사랑하는 이의 빈자리를 채워줄 수 있는 건 아무것도 없고, 대체물을 찾으려 해서도 안 될 것이다. 그저 버티며 겪어내는 수밖에 없다. 처음엔 아주 힘들지만, 동시에 큰 위안이 되기도 한다. 빈자리는 여전히 채워지지 않은 채 우리를 계속 이어준다.

—디트리히 본회퍼(신학자)

때때로 연민은 행동을 취해 타인과 연결되는 것을 의미한다. 그리고 우리가 타인의 고통에 공감할 수 있는 이유는 바로 우리 자신의 슬픔, 우리 자신의 고통 때문이다.

우리는 그저 슬픔과 함께하는 것을 넘어서서 슬픔과 함께 행동해야 한다. 슬픔과 함께 행동한다고 해서 슬픔이 사라지거나 잊히거나 극복되는 건 아니다. 슬픔은 여전히 우리의 동반자이자 벗으로 남아, 우리가 세상에 연민을 베풀 수 있는 힘의 원천이 된다. 우리는 슬픔과 함께 행동하며 슬픔을 솔직하게 드러내고 그 고귀함을 알린다.

슬픔과 함께 행동하면 삶에 새로운 의미가 생긴다. 그 의미가 별로 반갑지 않고, 다소 큰 희생이 필요할지도 모르지만 말이다. 자신의 고통을 피하지 않고 있는 그대로 받아들일 때, 상냥한 마음을 열어둘 때 연민이 생겨난다. 그러나 애도의 여정 중에는 어떤 구간에서도 과속하면 안 된다. 삶의 의미 찾기가 됐든, 연민 베풀기가 됐든. 이것들마저 슬픔에서 부랴부랴 달아나기 위한 우회로로 전락할 수 있다.

자기 인식이 깊어지고 타자 인식이 넓어져 자기와 타자 사이의 틈이 사라질 때, 우리가 오롯이 받아들인 슬픔은 구원의 힘을 발휘한다. 내면과 외부, 자기와 타자의 이런 통합은 사랑하는 고인과 우리의 관계를 드러낸다. 우리는 가슴 깊은 곳에서 그들을 만나고, 그 마음을 세상에 전할 방법을 찾는다. 고통의 감내가 연민의 표현이 된다. 애도는 베풂이 된다.

어느 날, 침술소에서 내 차례를 기다리다가 벽에 붙어 있는 시 구절을 발견했다. "헛간이 불에 타 무너지니 이제야 달이 보이는구나." 보자마자 뜯어내고 싶었고, 그다음엔 의자에 몸을 던져 울고 싶었다. 하지만 견뎌냈다, 한참을.

내 딸 샤이엔을 잃은 지 수십 년이 지난 지금, 그 시에 나의 심정이 고스란히 담긴 것처럼 느껴진다. 고통은 지혜가 된다. 스스로를 돕지 않고서는 남을 도울 수 없다.

42

친절 프로젝트

우리의 상실, 우리의 상처는 사랑에, 사랑의 실천에 눈뜨게 해주기에 소중하다.

—노먼 피셔(선승)

샤이엔이 죽고 다섯 달이 지난 12월 24일, 나는 용기를 내어 장난감 가게에 갔다. 콧물 범벅의 휴지를 코트 주머니에 넣은 채 매장을 돌아다니며, 어딘가에 있는 이름 모를 아이들을 어렴풋이 상상하며 그들에게 줄 장난감을 샀다. 아기들과 어린아이들에 둘러싸여 있자니 너무 힘들어 울면서 밖으로 뛰쳐나가고 싶었다. 하지만 그러지 않았다. 고른 장난감을 계산대로 가져가 돈을 치렀다.

집에서 선물을 하나하나 정성 들여 포장해 커다란 흰색 봉투에 담은 다음, 또 울었다. 이건 내가 계획했던 바가 아니다.

내가 원했던 바가 아니다. 순간순간 부서지고 또 부서지는 세상을 무슨 수로 견딜까 싶었다. 장난감을 보낼 계획은 없었다. 그저 고통과 함께해야 샤이엔을 향한 사랑과도 함께할 수 있다는 걸 알았을 뿐.

장난감을 차에 싣고 출발해 고속도로를 탔다. 원래는 아동병원에 갈 작정이었는데, 결국 닿은 곳은 헤드스타트* 프로그램 운영 기관이었다. 아이들을 볼 자신이 없어서 장난감이 든 봉투를 관장에게 주었다. 관장은 내게 고맙다고 인사했다. 그런 인사를 기대하고 한 건 아니었다. 인정받고 싶은 마음은 없었다. 그냥 문 앞에 장난감을 두고 갈 수 있었다면 좋았을지도 모른다. 그래도 나는 관장의 감사 표현을 뿌리치지 않았다. 관장에게 들으니, 그날 센터에 여섯 명의 남자아이와 여덟 명의 여자아이가 있다고 했다. 나는 차로 돌아갔지만 시동을 걸지 않았다. 그냥 앉아서 울었다.

크리스마스이브의 경험으로 큰 감화를 받은 후 나는 그런 일을 더 많이 하기 시작했다. 매번 익명으로, 매번 샤이엔을 추모하며. 하루는 신발 가게에서 한 부모의 대화를 우연히 들었다. 너덧 명의 아이들 중 한 명에게 새 신발을 사주러 온 부모였다. 신학기를 맞아 모든 아이에게 새 신발이 필요한데 한 켤레밖에 못 살 형편인 듯했다. 샤이엔이 생각났다. 살아 있다면 지금 함께 쇼핑하고 있을 텐데, 하고.

....

* Head Start. 미국 보건복지부가 저소득층 자녀를 대상으로 시행하는 교육 지원 제도.

친절 프로젝트

나는 몰래 매장 매니저를 찾아 아이들 모두 새 신발을 살 수 있을 만큼의 액수를 쥐여주었다. 그리고 기프트 카드에 잔액이 있으면 그 부모에게 주라고 했다. 작은 종잇조각에 샤이엔의 이름을 써서 돈과 함께 매니저에게 건네고는 가게를 나왔다. 이렇게 샤이엔을 현재로 데려오자, 나의 괴로움과 그 가족의 고통 사이로 데려오자, 샤이엔의 사랑이 세상에 살아 숨 쉬는 것 같았다.

나는 이런 일을 계속했다. 사전 계획 없이 무작위로 친절을 베풀 때마다 내 마음이 치유되는 기분이었다. 이것이 친절 프로젝트의 시작이었다. 친절 프로젝트는 내가 몸담고 있는 재단의 간판과도 같은 사업이 되었다. 우리는 다음의 내용이 적힌 카드를 1,000장 찍었다.

우리의 아름다운 아이를 추모하며 이렇게 친절을 베풉니다.

카드는 일주일이 채 지나기도 전에 다 나갔다. 다음에는 다른 언어로도 제작했다. 형제자매, 배우자, 조부모, 이모, 고모, 삼촌, 친구 등 다른 추모 대상을 위한 카드도 찍었다. 다음과 같은 식이었다.

_____를 추모하며 이렇게 친절을 베풉니다.

친절 프로젝트가 사별 가족 사이에 입소문을 탔다. 2011년 7월 27일—나중에 우리는 이날을 세계 친절 프로젝트의 날로 선포했다—전 세계에서 1만 명 넘는 사람들이 친절 프로젝트 카드를 사용하여 사랑하는 고인을 추모하며 익명으로 무작위의 친절을 베풀었다. 그 후로 미국과 해외—루마니아, 오스트레일리아, 파라과이, 버뮤다, 네덜란드, 스페인, 멕시코, 뉴질랜드, 칠레, 이탈리아, 몰타 등등—에서 친절 프로젝트를 통해 200만 건 이상의 선행이 이루어졌다.

한 부부는 아들을 추모하는 뜻으로 식당에서 남몰래 음식값을 계산했다. 한 여성은 친절 카드를 20달러짜리 지폐로 싸서 아무나 찾아가도록 남겨두었다. 어떤 여성은 24년 전 사망한 딸을 기리는 뜻으로, 드레스를 손수 지어 아이티 아이들에게 보냈다. 한 부부는 열여섯 살의 아들을 추모하여 개 열여섯 마리의 입양비를 지원하고, 열일곱 살의 딸을 추모하여 길가의 자동차 열일곱 대를 골라 그 옆에 화분을 남겨두었다. 한 사람은 서점에 가서 좋아하는 어린이책을 여러 권 산 다음 계산대 직원에게 맡기며 아이들에게 나눠주라고 부탁했다. 그 책들을 다시는 읽지 못할 딸을 추모하는 의미였다. 한 사람은 조카를 추모하는 뜻으로, 몸이 좋지 않은 이웃의 마당을 몰래 청소해주었다.

또 어떤 사람은 카페에서 자기 뒤에 서 있는 사람에게 커피를 사주었다. 이 친절함이 물결처럼 퍼져 나가면서 다른 손님 여러 명도 뒷사람에게 커피를 사주었다. 한 여성은 친절 프로젝트에 참여한 소감을 이렇게 밝혔다. "드디어 내 슬픔 너머를 보고 다른 사람들의 삶에 빛이 될 수 있어서 감사한 마음입니다. 내게 사랑하는 법을 가르쳐준 아들 덕분이에요." 다른 수많은 사람들의 감상도 이와 다르지 않았다.

 사랑하는 이의 죽음을 애도하는 마음은 평생을 가겠지만, 처음의 그 상처에 가까이 머물며 진심으로 함께하고 순응하면 초월과 변모를 경험할 수 있다. 의미 있는 순간들이 계속 이어진다. 우리의 부서진 마음은 완전히 영원히 열려 외부 타인들에게로 향한다. 우리와는 전혀 닮지 않은 사람들에게도. 우리는 더할 나위 없이 개인적인 방식으로 하나 됨을 깨닫기 시작한다.

 사랑하는 고인을 두 팔로 안을 수 없을 때 우리는 마음으로 안는다. 이렇게 슬픔과 함께한다. 그들의 노래를 너무 오래 듣지 못했다면 우리는 그들의 속삭임에 귀를 기울인다. 이렇게 슬픔에 순응한다. 그들의 눈을 들여다보지 못할 때 우리는 그들의 연민 어린 시선을 가장 필요한 곳에 보낸다. 이렇게 슬픔과 함께 행동한다. 그들이 곁에 없는 매 순간, 우리는 타인을 위해 할 수 있는 일을 다 한다. 이것이 연민이다. 이 과정을 거치며 우리는 신비롭게도 온전한 인간으로 거듭난다.

43

고통을 앎으로써

마음속 가장 깊은 곳에 친절이 있다는 걸 알기 전에,
마음속 가장 깊은 곳에 슬픔 또한 있음을 알아야 한다.

—나오미 시하브 나이(시인)

10월의 어느 오후, 애나가 '힘든' 하루라며 내게 전화했다. 애나는 그로부터 일 년 전 4개월 된 아들 재리드를 유아 돌연사 증후군으로 잃은 후 나를 찾아왔었다. 당시에 애나는 "자살은 엄두도 못 내겠다"고 했다. 스스로 목숨을 끊겠다는 생각을 할 기력조차 없을 만큼 무감각한 상태였다.

내게 전화했을 때 애나는 알아듣기 힘들 정도로 히스테릭하게 떠들어댔다. 그러다 호흡을 가다듬고는 나와 의논했던 대로 자기 돌봄을 실천 중이었다고 했다. 재리드의 1주기가 다가오고 있어서 애나는 쇼핑을 조금 하고, 단골 식당에서 좋아하는 음식을 먹었다. 그런데 누가 봐도 임신한 것이 분명한 여자가 친구들과 함께 들어와 애나 근처에 앉았다. 그들은 베이비 샤워를 즐기고 있었다.

애나는 속이 울렁거렸다. 혼란스럽고 눈앞이 깜깜해지고 알지도 못하는 임신부에게 분노가 치솟았다. 애나는 베이비 샤워 중인 그 임신부에게 이렇게 소리치고 싶었다고 했다. "영수증 잘 챙겨둬요. 아기가 죽을 수도 있으니까!"

애나는 가까스로 참아냈지만, 마음에는 분노와 자기혐오가 가득했다. 결국 음식을 남기고 식당 문으로 향했다. 그러다 우뚝 멈춰 서서 심호흡을 한 번 한 다음 친절 카드를 꺼내어 재리드의 이름을 쓰고, 익명으로 베이비 샤워 비용을 냈다. 그러고는 울면서 내게 전화했다. 우리는 한 시간 가까이 통화하며, 애나가 느끼는 달콤쌉쌀하고 아리고 뿌듯하고 고통스럽고 부끄러운 감정에 관해 이야기를 나누었다.

같은 날 MISS 재단 웹사이트의 문의란으로 이메일이 한 통 왔다. "제 이름은 앤이고, 분만실 간호사입니다. 오늘 베이비 샤워를 열었는데 어떤 분이 아들 재리드를 추모하는 뜻이라며 대신 비용을 내주셨어요. 이 고마운 분을 아신다면, 우리 모두 감동받았다고, 그리고 아기가 태어나면 재리드라는 천사가 우리에게 왔었다고 말해줄 거라고 전해주세요."

가장 어두운 곳의, 가장 괴로운 얼굴의 고통을 앎으로써 우리는 타인을 향해, 언젠가는 우리 자신을 향해 맹렬한 연민을 느낀다.

슬픔의 길은 평탄하지 않다. 험악하고 울퉁불퉁하고 좁다.

그 길을 걸어가다 보면 도움을 주는 사람들을 만나기도 한다. 물과 약간의 음식을 주고, 애정 어린 응원을 보내거나 길을 가르쳐주고, 작은 촛불로 길을 밝혀주고, 진창에 빠졌을 때 손 내밀어주고, 햇볕이 뜨거울 때 그늘을 만들어주는 사람들. 이런 만남이 씨앗을 뿌린다. 이 친절의 씨앗들이 자라 어느 날은 우리가 남들에게 인정을 베푼다. 언젠가는 우리가 남들에게 그늘을 만들어준다.

연민을 실천하는 삶으로의 변화는 아주 느리게 진행될 수도 있다. 반면, 슬픔을 오롯이 받아들이며 삶에 지진이 일어나고, 그 여파로 예측 불허의 연민이 갑작스럽게 분출되는 경우도 있다. 그리고 이렇게 우리 세상은 변해간다.

큰 고통을 겪어본 사람은 세상을 이해하는 시각이 남다르다. 그들은 자신들처럼 고통을 겪고 있는 이들을 온정으로 도와야지만 영속적이고도 진정한 만족감을 얻을 수 있다는 사실을 안다. 나는 죽음과 함께하기에 삶과 함께한다. 슬픔과 고통과 함께하기에 기쁨과 평화를 안다.

44

맹렬한 연민

첫 슬픔을 겪고 온전히 다시 태어나 세상에 눈뜬 후로 아낌없는 연민이 그의 안에 자리 잡았다. 땅속 깊은 곳에 졸졸 흐르는 물줄기 같은 그 연민을 통해 그는 자신과 타인과 세상을 알았다.

— 웬들 베리(소설가)

나는 딸을 잃은 후의 초기 감각을 여전히 잊지 않고 의식적으로 그 곁에 머문다. 그래야 갓 사별을 겪은 사람이라면 누구나 느낄 날것의 고통에 공감할 수 있기 때문이다. 그 고통에 관심을 기울이면, 맹렬한 연민의 감각이 더욱 강해진다. 맹렬한 연민은 슬픔을 오롯이 받아들인 후 만들어지는 또 다른 감정이다.

고통을 함께한다는 의미의 단어에서 유래한 연민은 종교

와 시대와 문화를 초월하는 인간 보편의 가치이다. 그렇지만 현대 문화는 정반대의 것을 찬양하며 우리에게 고통을 치료해라, 고쳐라, 그쳐라 요구한다. 이런 식으로 오히려 아픔을 더한다.

나의 첫아이 아리는 두 살 즈음 내게 개미에 대해서 배웠다. 아리는 내가 동물을 어떻게 생각하는지, 동물을 얼마나 사랑하는지, 그리고 1970년대에 세계 최초 '고래 살리기' 운동에 참여하여 사람들의 서명을 받은 일까지 이미 알고 있었다. 하지만 내가 개미도 그만큼 소중히 여긴다는 건 모르고 있었다.

아직 어린 캐머런을 유모차에 태우고 거리를 걷다가 나는 무심코 개미 한 마리를 밟고 말았다. "이런!" 이렇게 한탄하고는 개미에게 사과했다. 다른 개미들을 밟지 않으려고 피하다가 그 개미를 미처 보지 못했다.

아리는 놀란 표정으로 나를 쳐다보았다. "개미 죽였어요, 엄마?"

"응. 모르고 밟아버렸어."

아리는 꽤 오랫동안 이 문제를 생각하다가 내게 말했다.

"개미 밟으면 안 되는 거예요, 엄마?"

"그래. 우린 곤충을 죽이지도, 동물을 먹지도 말자. 굳이 그럴 필요가 없으면 다른 생명체를 해치지 않는 게 좋잖아."

아리와 동생들은 자라면서 개미―혹은 내가 컵 밑에 조심스레 가두어 밖으로 내보내는 모든 곤충들―의 생명에 얼마큼의 가치가 있는지 의문을 품기 시작했다. 내 친구들도 한

마디씩 했다. 몇몇 친구는 아이들을 그렇게 가르치는 내가 너무 별나다고 했다.

그러면 나는 친구들에게 이렇게 말하곤 했다. 곤충을 가련하게 여기라고 가르치면 아이들이 동물이나 다른 아이나 다른 사람에게 훨씬 더 측은지심을 품지 않겠냐고. 고통받는 사람, 상처받고 다쳐서 친절이 필요한 사람에게 훨씬 더 온정을 베풀지 않겠냐고 말이다.

이 세상을 치유하는 것은 결국 연민, 남의 고통을 함께하는 것이다. 인간으로서 우리에게 주어진 숙제는 크고 작은, 우리와 같고 다른 모든 존재들에게, 슬픔과 고통에 빠진 이들에게, 그리고 우리 자신에게 연민을 베푸는 것이다.

자신을 향한 연민은 타인을 향한 연민으로 나타날 수 있다. 타인을 향한 연민은 자신을 향한 연민의 표현이 될 수 있다. 분명하다. 샤이엔의 아름다움을 알고 있는 오늘의 나는 예전보다 더 나은 사람이다. 샤이엔을 사랑한 나는 더 나은 사람이 되었다. 그런 일이 없었다면 좋았겠지만, 샤이엔의 죽음을 애도한 나는 예전보다 더 나은 사람이 되었다.

죽은 아이의 엄마가 되는 것은 비극적 특권─내가 부탁하지도, 결코 원하지도 않았던─이다. 그럼에도 나는, 우리는 견디지 못할 상처를 입은 채 이렇게 버티고 있다. 사랑하는 이를 잃은 사람은 자기만족과 타성에 젖은 삶에서 깨어난다. 사랑하는 이를 잃은 사람이 세상을 치유할 수 있다.

45

생명을 구하는 일

우주와 그 모든 힘이 우리와 하나임을 깨달을 때, 우주의 중심에 위대한 혼이 깃들어 있음을, 그리고 이 중심이 세상 모든 곳, 우리 각각의 내면에 자리하고 있음을 깨달을 때, 가장 중요한 최초의 평화가 사람들의 영혼에 찾아든다.
— 검은 사슴(인디언 의술사)

아주 오래전부터 그랜드 캐니언의 하바수 폭포에 한번 가 보고 싶었다. 샤이엔이 죽고 얼마 되지 않아 아이들과 함께 (한 조각 빠진) 퍼즐 맞추기를 한 후로 더욱 그랬다. 그곳에서 나는 맹렬한 연민의 그늘을 견뎌내고 샤이엔의 사랑을 세상에 전했다.

15킬로미터 넘는 산길을 내려가기 시작한 지 5분도 지나지 않아 가슴 아픈 장면이 눈에 들어왔다. 말 한 마리가 땅에 쓰러져 있었다. 나무틀에 묶인 배낭과 텐트 같은 물건들을 등에 진 채였다. 한 청년이 도통 일어나지 않는 말을 학대하고 있었다. 나는 남자에게 큰 소리로 호통쳤다. 그는 멈칫하더니 내 눈을 똑바로 쳐다보았다. 나는 심장이 쿵쾅거리고 눈물이 나기 시작했다. 내 눈물에 겁을 집어먹었는지 남자는 다른 너덧 마리의 말들을 끌고 얼른 자리를 떴다.

 내 친구 낸시와 나는 맥없이 쓰러져 있는 말에게 다가가 그 곁을 지켰다. 몸통 밑에 깔린 다리와 머리에서 피가 나고 있었다. 말은 겁에 질려 축 늘어져 있었고, 고통스러운 기색이 역력했다. 나는 천천히 허리를 숙여 말을 쓰다듬었다. 말이 움찔했다. 나는 엉엉 울었다. 지나가던 산행객 몇 명이 내게 괜찮냐고 물었다.

 "이 말 좀 봐요……! 다쳤어요! 사람한테 맞았어요!"

 하지만 아무도 도움을 주지 못했다. 워낙 외떨어진 곳이라 휴대전화 전파가 잡히지 않았다. 경찰도 삼림 경비관도 부를 수 없었다. 말의 등에서 무거운 짐들을 내리고, 짐들을 묶었던 나무틀과 안장을 벗겨내니 등과 배에 난 상처들이 보였다. 벌어진 상처들에서 피가 났다. 말은 끔찍하리만치 비쩍 말라 있었다. 등골뼈가 툭 불거져 나오고, 털과 살가죽이 벗겨져 나간 탓에 양쪽 엉덩이뼈가 밖으로 드러나 있었다.

 나는 일어났다. 머리가 핑핑 돌았다. 이토록 참혹한 광경은 처음이었다. 말과 나는 서로의 눈을 들여다보았고, 마침내 말은 내 손길을 받아주었다. 어떤 감정이 엄습해왔다. 수년 전 나도 이 말과 다르지 않았다. 나 역시 이 말처럼 고통을 겪었다. 나 역시 이 말처럼 두려움과 절망, 암담함에 떨었다. 나 역시 이 말처럼 죽음의 문턱까지 갔었다. 나는 말에게 도와주겠다고 약속했다. 그리고 샤이엔이 그 순간을 함께하고 있음을 왠지 알 수 있었다.

우리는 땅에 누워 쉬는 말과 함께 한 시간 정도 앉아 있었다. 사람들이 계속 지나가면서 우리에게 시선을 주었지만, 그 광경의 참혹함을 알아채는 사람은 거의 없었다. 나는 산중턱에 드문드문 난 풀을 뽑아 말에게 주었다. 내 무릎에 기대어 쉬는 말의 머리를 쓰다듬었다. 이 녀석을 떠날 마음은 눈곱만큼도 없었다. 이 소중한 생명, 나의 형제, 대지의 자식을. 나와 같고, 우리 모두와 똑같은 존재를. 나는 인간들이 이 말에게 한 짓을 사과하고, 사과하고 또 했다.

"여기서 데리고 가줄게." 나는 말에게 맹세했다. "내가 도와줄게. 꼭……."

말 주인이 돌아오자 나는 말을 사겠다고 제안했다. 두 차례 제안해봤지만 그는 거절했다. 내가 할 수 있는 일은 아무것도 없었다. 말을 그곳에 둔 채 떠날 수밖에 없었다. 그때 심정을, 나 자신의 일부를 그 산에 버려두고 온 심정을 설명할 수가 없다. 차로 돌아온 나는 내 속에서 날뛰는 날것의 사나운 분노, 맹렬한 연민을 느꼈다.

두 시간 가까이 달리고 나서야 휴대전화 전파가 잡혔다. 나는 산림청, 보안관, FBI, 지역 경찰, 동물 관리국에 전화했다. 국회의원, 국회 지도자, 말 구조대, 동물 보호 단체, 경찰

서장, 변호사 들에게 전화했다. 동료들과 친구들, 이웃들에게 전화했다.

이틀 동안 옷을 갈아입지도 않고 잠옷 차림으로 200통 가까이 전화를 하고 100통이 넘는 이메일을 보냈다. 이 동물의 목숨이 걸려 있는데, 할 수 있는 일이 없다는 답만 자꾸 돌아왔다. 그렇다고 멈출 생각은 없었다. 멈출 수 없었다. 나는 이 동물의 영혼을 들여다보았으며, 녀석을 사랑하게 되었다. 드디어 내 청원이 어느 법 집행관의 귀에 들어가고, 관료들로 구성된 지원팀이 꾸려졌다.

일곱 통의 전화를 하고 여섯 통의 이메일을 보낸 후 사흘이 지났을 때 그 전화를 받았다.

"카차토레 박사님." 그가 말했다. "언제까지 여기로 오실 수 있겠습니까?"

"정말요?" 나는 무언가가 일어나고 있다는 사실에 충격을 받았다. 원주민 땅에 있는 말이라 내가 도울 수 없을 테니 "포기하라"는 소리만 거듭 들었던 것이다.

"네, 박사님······." 오후 4시경이었다.

빌릴 수 있는 말 운반용 트레일러를 알아보는 데 몇 시간이 걸렸다. 예전에 자식을 잃고 내 도움을 받았던 어느 아버지의 도움으로 밤 10시까지는 트레일러 한 대와 두 명의 용감무쌍한 자원봉사자를 구할 수 있었다. 깊은 슬픔을 몸소 겪은 적 있는 그들은 말을 구하러 협곡으로 들어가는 일에 발 벗고 나서주었다. 자정에 기나긴 길을 떠난 그들은 새벽 5시에 왈라파이 언덕 꼭대기에 도착했다. 말을 구해 새 주인을 찾아주려면 거기서 또 25킬로미터 넘게 산길을 걸어가야 했다.

나는 새벽 2시에 잠에서 깨어나 기도하며 기다리고 또 기다렸다. 네 시간 후 문자 메시지가 왔다. "성공했답니다……." 그들이 말하기를, 말을 아주, 아주 천천히 데려 나올 때 그곳 주민들이 마치 "옳지"라고 말하듯 그들에게 고개를 끄덕이더라고 했다. 말의 모습에 충격을 받은 관광객들은 말을 구조해줘서 고맙다고 인사했다.

나는 기다렸다. 그들이 말을 내 집으로 데려왔다. 말은 비쩍 마르고, 물을 못 마셔 푸석푸석하고, 겁에 질린 모습으로 주춤주춤 트레일러에서 나왔다. 그리고 우리는 또다시 서로를 바라보았다. 도와주겠다는 내 약속을 기억하기라도 하듯 녀석은 낑낑거리더니 내 쪽으로 똑바로 걸어왔다.

나는 녀석에게 체마코(Chemakoh)라는 이름을 지어주었다. '운명으로 하나 된 두 영혼'이라는 뜻으로 피마족 말이다. 체마코가 몇 주라도 넘길 수 있을지는 아무도 확신하지 못했다. 첫 며칠 동안 체마코의 상태는 아슬아슬했다. 상처가 여간 심한 게 아니어서 등뼈와 엉덩이뼈가 털과 살을 뚫고 나올 기세였고, 뱃대끈의 양쪽 끝에 짓눌린 살가죽은 근육까지 움푹 파여 있었다. 그래도 몇 주 만에 체마코의 건강이 극적으로 좋아지긴 했지만, 재활까지는 아직 갈 길이 멀었다.

체마코는 여전히 내 집에 있다. 지금은 나와 함께 애도 작업을 하는 사람들의 동물 매개 치료를 도우며 위대한 스승이 되어주고 있다. 체마코는 다시 상처받을 위험을 감수할 이유가 없는데도 신뢰를 보여준다. 체마코는 그 오랜 시간 사랑을 몰랐는데도 사랑을 베푼다. 체마코는 잔학함과 공포를 겪었는데도 다정하고 따뜻하다. 체마코는 두렵고 외로운 시간을 보냈는데도 사람들과의 연결을 피하지 않는다. 또 체마코는 견딜 수 없는 것을 견뎌내야 했다.

체마코가 집에 온 지 여섯 달쯤 지났을 때, 말 전문 수의사가 찾아왔다. 검진이 끝난 후 그가 내게 청구서를 건넸는데, 거기에는 그가 임의로 정한 체마코의 생일이 적혀 있었다. 1999년 7월 27일. 샤이엔의 생일이었다.
 나는 어리벙벙해져 물었다. "왜 7월 27일로 정하셨어요?"
 "그냥 방문 날짜를 하나 골라서 컴퓨터에 입력했죠."
 나는 눈물이 왈칵 솟았다.
 "뭐 잘못된 거라도 있나요?" 그가 걱정스럽게 물었다.
 "아, 아니, 아니에요, 모든 게 완벽해요."

얼마 전에 한 동료가 체마코에 관한 이야기를 이메일로 보냈는데, 상처받고 힘들어하는 많은 사람들에게 격려가 될 만한 내용이었다. "오늘처럼, 잠에서 깨어났을 때 인생에 무슨 의미가 있을까 싶고 마음이 흐리멍덩하니 마비되는 날이 있습니다. 그러다가 박사님이 떠오르고, 박사님과 박사님의 말이 하고 있는 일을 생각하면, 침대에서 나가 하루를 헤쳐나갈 힘이 생깁니다. 박사님의 열정에 감사드립니다."
 우리는 모두 연결되어 있다. 고통의 바다에 사랑 한 방울만 떨어뜨려도 수많은 이들이 살아갈 힘을 얻는다. 내가 체마코를 도울 수 있었던 건 비단 연민 때문만은 아니었다. 연민과 함께 맹렬함도 필요했다. 지치지 않고 재빠르게 움직이기 위해서는. 그리고 나 자신의 고통—체마코와 나 자신과 세상을 향한 슬픔—과 함께하고 거기에 순응하려는 의지가 있었기에 거침없이 행동할 수 있었다.

46

슬픔과 트라우마를
자각하지 못한 대가

"내 아이와 함께 지나가는 죽음을 보지 못했나요?" 어머니가 물었습니다.
"봤고말고." 가시덤불이 답했어요. "네 마음으로 내 몸을 녹여주면 어느 쪽으로 갔는지 말해주지. 추워 죽겠어. 온몸이 뻣뻣하게 얼어붙었다고."
어머니가 가시덤불을 따뜻하게 녹여주려 꼭 껴안자 가시가 어머니의 살을 깊숙이 파고들어 굵은 핏방울이 흘러나왔습니다. 어머니의 마음이 어찌나 따뜻했는지 어두운 겨울밤에 가시나무에서 꽃이 피고 초록빛 이파리가 나기 시작했어요.
— 한스 크리스티안 안데르센, 《어머니 이야기》

"여보세요?" 전화를 받았다. 전화선 반대편에서 나이 지긋한 여성의 성마른 목소리가 들려왔다. "조앤 카차토레 박사님 부탁해요."

"전데요."

"오, 다행이네요." 그 여성은 웃으며 말했다. "직접 전화를 받으시다니!"

며칠 후 아름다운 봄날, 내 사무실에서 메리나를 만났다. 내가 문을 열어주었을 때 메리나는 사무실 창밖에 서서 만발한 흰 협죽도 꽃을 감탄하며 바라보고 있었다.

메리나는 반골 기질을 타고난 전직 심리학자로, 예술과 오리건주의 해변을 사랑했으며, 7년 전 외동딸 캐시를 알코올 중독으로 잃은 후로 쭉 "슬픔으로부터 도망치고" 있었다. 상담을 진행하는 동안 그의 괴로움이 손에 잡힐 듯 생생하게 전해졌지만, 메리나는 캐시를 잃은 상실감을 이야기하다가도 더 편한 주제로 얼른 말을 돌리곤 했다.

시간이 지날수록 우리 둘의 관계는 깊어졌다. 나는 메리나 자신도 자녀들이 어렸을 때 알코올 중독자였고, 처리하지 못한 어린 시절 트라우마를 술로 치료하려 했다는 사실을 알게 되었다. 만취해서 인사불성으로 소파에 누워 있는 메리나를 캐시가 흔들어 깨운 적이 한두 번이 아니라고 했다. 메리나는 한없이 반복되는 수치심과 죄책감이 중독을 부채질했다고 설명했다. 메리나가 고통을 피하기 위해 사용한 수단에는 술뿐만이 아니라 섹스, 여행, 심지어 영성 수련까지 있었다.

메리나가 마침내 술을 끊었을 무렵에는 캐시가 이미 술을 마시고 있었고, 메리나는 딸을 알코올 중독에서 구해내려 여러 번 시도했다. 40대 초반에 아이가 둘이었던 캐시는 "자기 어머니와 똑같이 본격적인 알코올 중독자가 되어…… 자기가 아는 유일한 일을 반복했다." 마흔세 살에는 알코올 남용으로 중병이 들어 병원에 입원했다. 병원에서 캐시는 메리나에게 "엄마, 나 죽는 거야?"라고 물었다. 메리나는 그런 일은 없을 거라고, 다 괜찮아질 거라고 장담했다. 이틀 후 캐시는 죽었다.

　캐시의 죽음은 감당할 수 없는 일이었고, 그래서 메리나는 체념했다. 가족과 친구들을 피했다. 캐시의 죽음, 아니 캐시에 관해서는 피상적인 이야기만 떠들어댔다. 그리고 삶의 의욕을 잃었다. 나를 찾아왔을 때 메리나는 여전히 금주 상태였지만, 사별의 아픔을 회피한 대가로 몸이 병들고 세상과 완전히 단절되었다.

　나와 함께 애도 작업을 진행한 3년 동안 메리나는 성실히 임했다. 인생의 연대표를 작성하여 감정을 받아들이지 못한 탓에 일어났던 사건들을 확인했다. 자신의 어머니가 겪었던 외상적 슬픔과 수 세대에 걸쳐 가족이 경험한 상실들을 깊이 파고든 후에는, 몸에서 "다섯 발 떨어져 있고" 싶은 욕구의 근간에 바로 그것들이 있었음을 깨달았다. 메리나는 자신의 유해한 행동이, 고통을 말하지 않고 고통을 마주하지 않는 실수가 대물림된 결과임을 이해하게 되었다. 특히 부모의 고통은 메리나 자신의 고통이 되어 마음속 깊이 뿌리박혔다. 거기에 어린 시절의 트라우마까지 더해지니, 내면의 혼란을 혼자서 감당해낼 재간이 없었다. 메리나 자신도 어머니도 회피하기만 하며 고통을 더욱 키웠다. 이런 역기능의 악순환에서 벗어날 방법을 메리나는 알지 못했다.

시간이 흐르면서 메리나는 나를, 우리를, 그리고 자신의 슬픔을 신뢰할 수 있게 되었다. 메리나는 우리의 건강한 관계를 본보기 삼아 친구들과 다시 교류하기 시작했다. 남은 세 아들과도 연락하며 의미 있는 관계를 새로이 쌓아나갔다. 또 자신의 진정한 감정과도 서서히 다시 연결되어 "조금의 수치심도 없이" 울면서 캐시의 이야기를 할 수 있게 되었다. 그리고 감정 일기를 쓰며 우리가 함께한 3년을 거기에 모두 담았다.

메리나는 세상의 모든 고통을 자신의 고통으로 보기 시작하면서 마음이 열리고 너그러워졌다. 안 좋은 소리만 해대던 내면의 목소리가 "할 일을 끝마쳤다는 듯이 그냥 사라져버렸다"고 메리나는 말했다. 이렇게 삶의 의욕이 되돌아왔다.

어느 날 메리나가 침통한 얼굴로 내 사무실에 들어와 말했다. "예전 같았으면 사람들한테 이 사실을 아주 신나게 알렸을 거예요. 하지만 선생님을 만나고 나니 잘 모르겠네요."

나는 기다렸다.

"난 죽어가고 있어요. 암에 걸렸거든요. 여섯 달에서 아홉 달 정도 남았대요."

우리는 함께 눈물 흘렸다. 나는 가슴이 아렸다. 메리나를 사랑하게 되었기에 그의 죽음은 큰 상처가 될 터였다. 우리는 애도 작업을 계속해가며, 메리나가 캐시의 죽음에 대해 느끼는 슬픔과 메리나 자신의 불가피한 죽음─메리나는 보기 드문 우아한 태도로 자신의 죽음을 마주하고 있었다—에 대한 현실적 준비 사이를 오갔다.

우리는 "마지막일지도 모를" 식사를 여러 번 함께했다. 나는 올빼미 토템 조각상들, 좋아하는 모자들과 스카프들을 친구들에게 나누어주려는 메리나를 옆에서 도왔다. 죽기 일주일 전 메리나가 말했다. "이제 됐어요. 캐시가 나보다 먼저 죽은 건 속상하지만, 큰 사랑 속에서 멋지게 살다 갈 수 있어 참 고마워요."

메리나는 세 명에게 자신의 임종을 지켜달라 부탁했고, 나도 그중 한 명이었다. 우리는 메리나를 떠나보내는 노래로 폴 슈워츠의 〈Fear Not(두려워하지 마)〉을 선택했다. 그리고 메리나가 원하는 꽃을 꺾어 머리맡에 두었다. 메리나는 자신의 화장을 미리 준비해두었다.

메리나는 좋아하는 보라색 모자를 쓴 채 죽고 싶다고 했다. 그리고 자신이 죽은 뒤에 읽어보라며 내게 편지 한 통을 주었다. 편지에는 이렇게 쓰여 있었다. "선생님 덕분에 평화로운 죽음을 맞을 수 있을 것 같아요. 선생님께 얼마나 큰 선물을 받았는지 몰라요. 사랑해요, 고마워요. 그리고 다시 만나요."

여전히 메리나가 그립다.

47

대물림되는 슬픔

> 돌 하나가 연못에 빠지면, 돌이 바닥에 가라앉은 후에도 물의 떨림은 계속된다.
>
> — 아서 골든(소설가)

나의 외조부모님 로즈와 니콜라는 교육받지 못한 극빈층 시칠리아인들로, 팔레르모의 좁아터진 아파트에서 살았다. 할머니는 재봉사, 할아버지는 만돌린 연주를 좋아하는 이발사였다. 할머니는 엄격하고 직설적이고 무심했으며, 할아버지는 차분하고 내성적이고 쌀쌀맞았다. 두 분에게는 세 자녀, 메리, 조세핀, 살바토레가 있었다. 조세핀이 내 어머니였다.

할머니와 할아버지는 엉터리 영어로 말했기 때문에 나는 주로 어머니의 통역을 통해서 그분들의 말을 이해했다. 나는 두 분 중 누구와도 가까워지지 못했다.

20세기 초의 시칠리아는 살기 힘든 곳이었다. 아이들이 많이 죽었고, 유아 사망은 흔하디흔한 일이었다. 전염병, 자원 부족, 외상적 출산, 영양실조, 이 모두가 사망률을 높이는 원인이 되었다. 가끔은 무자비하게도 가족 전체가 죽음을 맞기도 했다.

나는 할머니가 돌아가시기 딱 2주 전에 가족사진이 든 오래된 상자들을 청소했다. 그때 할머니는 일흔아홉, 나는 스물다섯이었다. 사진들은 손을 많이 타서 죄다 가장자리가 닳았고, 얼굴을 알아볼 수 없을 정도로 색이 바랜 사진도 있었다. 그러다 말을 탄 아기 사진을 발견했다.

"이게 누구예요?" 내가 할머니에게 물었다.

할머니는 사진을 받아 들고 보았다.

"조세핀이야."

"엄마요? 엄마 같지 않은데."

"아니, 얘는 첫 번째 조세핀이고."

"'첫 번째 조세핀'이라뇨?"

할머니는 이탈리아 억양이 강하게 밴 영어로, 첫아이의 이름도 조세핀이었는데 한 살에 죽었다고 설명했다. 폐렴이었던 것 같다면서.

"그래서 우리 엄마가 그 이름을 물려받아서 두 번째 조세핀이 된 거예요?"

"아니."

할머니의 설명에 따르면, 첫 번째 조세핀이 죽고 얼마 안 지나 그 이듬해에 또 아기를 낳았고, 이번에도 조세핀이라고 이름 지었다고 했다. 두 번째 조세핀은 여섯 달을 살다가 어느 날 수면 중에 죽었다. 왜 나는 이 사실을 모르고 있었을까? 왜 아무도 내게 말해주지 않았지?

할머니의 셋째 아이 메리는 살아남았다. 넷째 아이가 태어나자 할머니는 또 조세핀이라는 이름을 지어주었다. 이렇게 내 어머니는 세 번째 조세핀이 되었다. 그러니까 외조부모님에게는 다섯 명의 아이가 있었던 것이다. 셋이 아니라 다섯. 조세핀, 조세핀, 메리, 조세핀, 살바토레.

할머니는 슬픔을 말하지도 겉으로 표현하지도 않았지만, 나는 할머니의 영혼에 슬픔이 묻혀 있다는 걸 알았다. 할머니는 따뜻한 사람이 아니었다. 말수가 적고, 따분하고, 삶에 대한 의욕이 없었다. 원래 그랬는지는 알 수 없지만, 아마 그렇지 않을 것이다. 사랑하는 아이를 둘 잃고도 온전히 애도하지 못하면, 사람은 변할 수밖에 없다. 그리고 그 변화는 대물림된다.

억눌린 슬픔은 개인을 파괴하고 가족을 허물어뜨린다. 그 비극적 효과는 지하수처럼 공동체와 사회로 서서히 흘러 들어간다. 슬픔의 정당한 자리를 인정해주지 않으면 냉혹한 감정적 대가를 치러야 한다.

한 세기 동안 이어진 민족 말살 정책으로 아메리칸 인디언 문화 전체가 근절되었다. 부족민들과 그 정부 외에는, 이 역사적 추태를 보상은커녕 기억하거나 인정하거나 의식하려는 사람도 거의 없다. 대물림되는 트라우마(역사적 트라우마라고도 한다)는 실재하며 그 위력이 어마어마하다. 그것은 가족 내에서도 문화 내에서도 목격된다.

유럽인들에게 고통받았던 아메리칸 인디언들과 그 후손들의 정신과 마음에는 처참한 트라우마—심각한 심리적 상처, 말살에 가까운 도륙, 수많은 원주민 아이들과 성인들의 학살, 종속, 노예화, 고문, 억압, 강제 이산, 아동 납치—가 새겨졌다.

마리아 옐로 호스 브레이브 하트(Maria Yellow Horse Brave Heart) 박사는 이런 트라우마의 영향을 연구했다. 그 결과, 외상적 스트레스, 우울 증상, 극도로 높은 조기 사망률, 허약한 신체, 알코올 남용, 여성과 아이에 대한 가정 폭력, 동물 학대 등의 여파가 확인되었다. 이들이 서로 연결되어 위험한 망을 형성하면, 위기는 이어지고, 예전에는 외부자들에게만 당했던 고통이 한없이 되풀이된다.

박사는 해결되지 않은 역사적 트라우마와 슬픔을 여섯 단계로 구분하는데, 그중 첫 단계가 '애도할 시간 없음'이다. 그토록 광대하고 체계적이고 집단적이며 가차 없는 공포 속에서는 애도의 시간을 충분히 가질 수 없다. 그래서 사람들은 비싼 대가를 치르며 슬픔을 피한다.

그러나 앞서 보고 또 보았듯, 슬픔은 우리에게 자기를 봐달라, 자기 이야기를 들어달라, 자기를 겉으로 드러내달라 요구한다. 외상적 슬픔을 억누르고 피하고 침묵시키고 내면화했다간 결국 파괴적인 분출로 이어질 뿐이다. 개인, 가족, 문화 모두에 해당하는 이야기다. 애도할 시간을 갖지 못하면—

슬픔의 요구를 들어주지 않으면—중독, 약물 남용, 그리고 주로 사회적 약자(어린이, 여성, 노인, 동물)를 대상으로 한 폭력 등의 부작용이 일어날 수 있다.

슬픔을 억누르는 대신 온전히 받아들여야 한다. 슬픔을 오롯이 받아들이는 법을 배우고 나서야 우리는 타인의 고통에 눈뜬다. 인간과 인간, 인간과 어린아이, 인간과 동물, 어린아이와 동물, 이 모든 관계에 난 생채기를 알아챈다. 이렇게 우리 자신과 타인의 고통에 눈뜨고 나면, 그다음부터는 행동을 취할 수 있게 된다. 고통을 키우기보다는 줄일 수 있는 일을, 시간이 허락할 때 어느 곳에서든 실천하는 것이다.

불운에 처한 사람들에게 손을 내밀어 연민을 베풀어야 한다. 비록 오랜 시간이 걸리고 그 속도가 느릴지라도 연민을 주고받아야 한다. 설령 자기 연민일지라도 연민을 알아야 베풀 수 있다. 받아보지도 못한 것을 주기란 힘든 법이니까.

48

슬픔은 수프와 같다

과거의 시간과 미래의 시간
있을 수도 있었던 것과 있었던 것은
언제나 현존하는 하나의 끝을 가리킨다.

—T. S. 엘리엇(시인)

어느 날 나는 채소 수프를 만들어 친구에게 대접하기로 했다. 내가 좋아하는 고수도 넣었는데, 안타깝게도 친구는 그 특유의 맛을 싫어했다. 나는 뒤늦게 잎들을 건져냈지만 소용없었다. 고수의 맛이 당근, 셀러리, 브로콜리, 케일, 토마토, 바닷소금, 보리와 뒤섞이면서 모든 풍미가 어우러져 있었다. 고수의 맛만 제거하거나 분리하거나 중화하는 건 불가능했다. 상실의 슬픔 역시 이와 다르지 않다.

첫눈이 내리기 직전의 어느 가을날, 나는 보호소에 있던 떠돌이 개 얼룩빼기 잉글리시 마스티프를 한 마리 입양했다. 그리고 매기라는 이름을 지어주고 매그스라고 불렀다. 처음 만났을 때 매그스는 영양실조에 걸려 무척 허약한 상태였다. 90킬로그램은 나가야 하는 체중이 30킬로그램 정도밖에 되지 않았다. 가느다란 꼬리를 다리 사이로 쑤셔 넣고 등을 심하게 구부린 채 걸어 다녔다. 매그스는 겁에 질려 있었다.

나 역시 겁에 질렸다. 다른 인간들에게서 끔찍한 일을 겪은 개를 구하는 일이었기 때문이다. 나는 일정을 비우고 2주 동안 밤낮으로 매그스 곁을 지키며 돌봐주었다. 응급 진료소와 동물 병원을 헤아릴 수 없이 들락거리고, 토사물을 치우고, 두려움에 떠는 매그스를 달래느라 밤을 꼴딱 새우고, 하루에 다섯 끼 식사를 만들었다. 그러면 매그스는 겨우 한두 입 받아먹었다.

알고 보니 전 주인들이 너무 심하게 굶겨서 옥수숫대를 먹은 모양이었다. 소장에 박힌 옥수숫대를 수술로 빼내야 했다. 수술 후 집에 돌아오자마자 매그스는 다시 먹고 마시기 시작했다. 매그스는 차츰 건강을 회복했다. 아무리 힘들어도 나를 믿고 나를 사랑하며 내 곁에 앉아 있었다. 나는 하루에 네 번씩 매그스를 밖으로 데리고 나가 짧은 산책을 했다. 매그스와 체마코는 서로를 아주 좋아했다. 매그스는 체마코를 큰 개로, 체마코는 매그스를 아주 조그만 말로 여기는 듯했다.

수술 후 셋째 날, 매그스의 상태가 안 좋아졌다. 호흡이 부자연스럽고 불안정했다. 동물 병원 응급실에 가서 엑스레이를 찍었더니 폐가 망가졌다고 했다. 의사가 아무래도 힘들겠다고 말했다. 나는 울었다. 매그스는 엑스레이 촬영대 위에 담요를 덮은 채 엎드려 있었다. 우리는 산소, 수액, IV 항생제를 투여하며 어떻게든 매그스를 구하려 해봤지만 매그스의 정맥이 버티질 못했다.

매그스는 우리 집의 자기 침대에서 새벽에 죽었다. 가냘픈 뼈에 얇은 살가죽만 겨우 붙어 있었다. 내 가슴은 무너져 내렸다. 매그스뿐만이 아니었다. 몇 달 전에는 내 부모님이 돌아가셨고, 몇 년 전엔 내 딸이 죽었다. 미칠 것만 같았다. 나는 망가졌다.

그 후 이틀 동안은 그저 눈물만 났다. 그 사랑스러운 개는 내 마음속으로 들어와 아주 큰 자리를 차지했다. 매그스를 저버린 인간들—그리고 전 세계에서 매일같이 아이들과 동물들과 노인들을 저버리고, 연민과 친절이 필요한데 그런 사랑을 받지 못하는 약자들을 돕지 않는 인간들—을 생각하니 슬프고 화가 났다. 울음을 그칠 수가 없었다. 더 의미 있고 더 고통스러운 상실을 그렇게나 많이 겪었는데, 왜 매그스와의 이별이 유독 힘들었을까?

그러다 고수가 생각났다. 매그스의 죽음은 큰 그릇에 담긴 슬픔이라는 수프의 한 재료였다. 매그스를 잃은 고통이, 샤이엔과 부모님과 엘리자베스와 테리 등등 사랑하는 이들을 잃은 슬픔과 뒤섞였다. 나는 그들 모두의 죽음을 슬퍼하고 있었던 것이다.

슬픔에는 시너지 효과가 있어서 개별적인 부분의 합보다 전체가 더 크다. 이 사실을 깨달은 후 나는 파도처럼 밀려드는 슬픔에 의문을 품지 않고, 내 감정을 있는 그대로 받아들였다.

그로부터 며칠 후, 중요한 약속이 있어서 할 수 없이 옷을 단정히 차려입고 차를 몰았다. 동물 병원에 가느라 매그스와 함께 수없이 달렸던 바로 그 도로를 탔다. 나는 울었다. 공황 상태에 빠졌고 괴로웠다. 더 울었다. 머릿속에서는 익숙한 실존적 의문들이 맴돌았다. 우리가 죽을 때 무슨 일이 벌어질까? 동물들이 죽을 땐 무슨 일이 벌어질까? 매그스는 내 사랑을 느꼈을까? 내가 더 해줄 수 있는 일은 없었을까? 매그스는 지금 샤이엔과 함께 있을까?

그때 흰색 렉서스 한 대가 내 앞으로 끼어들었는데, 뒷좌석에서 커다란 무언가가 이리저리 움직이고 있었다. 갑자기 뒤창 밖으로 머리 하나가 툭 튀어나왔다. 마치 매그스를 보는 기분이었다. 잉글리시 마스티프는 반려견으로 잘 키우지 않는 종인 데다가 얼룩빼기 마스티브는 더더욱 보기 드물다. 나는 설마 하면서도 호기심을 못 이기고 그 차로 더 가까이 다가가, (위험하게) 휴대전화로 사진을 찍으려 했다. 차가 어느 동네로 꺾어 들어가자 나도 그 뒤를 따라갔다. 내가 미쳤거나, 아니면 개 스토커가 됐구나 하면서.

차는 어느 집의 진입로로 들어갔다. 나는 거리에 차를 세우고 기다렸다. 운전자가 차에서 내리자 나는 집 앞 거리에

섰다.

"따라와서 죄송합니다." 내가 그에게 말했다. "저 이상한 사람 아니에요. 그런데…… 저 개, 잉글리시 마스티프 맞나요?"

"네." 그가 조심스럽게 답했다.

"얼룩빼기요?"

"네, 얼룩빼기죠. 여자아이고요."

"세상에, 쟤도 여자아이예요?!"

내 반응에 그 남자는 겁을 집어먹었거나, 적어도 걱정하기 시작했던 것 같다.

"음, 저기, 실은, 내 개가 얼마 전에 죽었거든요. 구하려고 애썼는데 소용없었어요. 너무 슬퍼서 영혼과 개에 대해서 생각하고 있었는데." 나는 더듬더듬 지껄여댔다. "혹시 댁의 개를 한 번 봐도 될까요?"

"그럼요."

개가 촐랑거리며 차 밖으로 뛰어나왔다. 얼굴이며 빛깔이며 기질까지 매그스와 똑 닮은 아이였다. 하지만 학대받은 흔적이라곤 전혀 없이 건강했다. 나는 몸을 숙여 개를 쓰다듬었다. 남자가 개의 이름이 클레오파트라라고 알려주었다.

나는 내가 스토킹한 이 친절하고 너그러운 남자에게 매그스의 사연을 더 들려주었다. 매그스의 사진을 보여주자 그는 매그스의 심각한 상태에 충격을 받았다. 나는 정말 간절히 매그스를 살리고 싶었다고, 매그스와 클레오파트라가 참 많이 닮았다고 말했다. 밤을 지새우며 토사물을 치우고 약을 투여하고 억지로 밥을 먹이고 매그스를 꼭 껴안았던 일을 이야기했다. 이 순간 그의 클레오파트라를 만나서 정말 행복하다고, 내게 꼭 필요했던 일이라고 말했다.

그는 내 이야기에 공감해주었다. "매그스를 구하려고 그렇게 애쓰셨다니, 존경스럽습니다. 그렇게 할 수 있는 사람은 많지 않으니까요. 제가 다 고맙군요."

그러고는 그가 손을 내밀며 물었다. "성함이 어떻게 되시죠?"

"조앤이에요. 하지만 친구들은 조조라고 부르죠." 나는 고마움의 눈물을 글썽이며 답했다.

"조조, 만나서 반가워요." 그가 말했다. "저는 샤이엔이라고 합니다."

내가 매그스의 죽음에 그토록 고통스러웠던 이유? 슬픔은 수프와 같으니까. 샤이엔이 죽었으니까. 내 부모님이 돌아가셨으니까. 친구들이 죽었으니까. 그리고 나도 매그스도 고통을 알았으니까. 이 모든 슬픔의 풍미가 뒤섞여 하나의 맛이 되었다. 각각의 슬픔은 차곡히 쌓여간다.

49

어둠이 주는 선물

밤의 왕국에서 벗어난 자야말로 감사할 줄 안다.

―엘리 위젤

내성적이고 자신감 넘치며 자수성가한 여성 켈리는 첫사랑과 결혼했고 비영리 예술 단체에서 일했다. 17년을 함께한 켈리와 남편 리처드는 첫딸 매들린이 태어나다가 죽는 비극을 겪었다. 켈리는 자식을 잃었을 뿐만 아니라 의료계의 무자비함 때문에 트라우마를 덤으로 얻었다. 이미 외상적 슬픔에 시달리고 있던 켈리는 절망의 구렁텅이에 빠져 세상이 두려워졌고, 스스로를 지키려 자기 안으로 숨어들었다.

켈리는 매들린이 죽은 지 수년 후에 나를 찾아왔다. 두 딸―매들린과 살아 있는 알레이나―과 온전히 연결되지 못한 채 죽을까 봐 두려웠던 것이다. 켈리의 건강은 급속도로 나

빠졌고 성격도 크게 변했다. 스스로를 믿지 못하게 되었다. 다른 사람을 믿지 못했다. 자신감은 온데간데없이 사라졌다. 켈리는 슬픔이 두렵고 "고통의 심연으로 빨려 들어가는" 것이 무서워 아예 모든 감정을 차단하려 했다. 그러려면 매들린에 대한 기억에 자물쇠를 채워야 했다.

 매들린이 죽기 전에는 사별을 거의 경험한 적 없는 켈리는 건강하게 제 몫을 다하려면, 둘째 아이에게 좋은 엄마가 되려면, 슬픔에 빠져 허우적대지 말아야 한다고 믿었다. 그래서 매들린을 생각하지 않으려 안간힘을 썼다. 매들린에 대해 이야기하지 않았다. 매들린의 사진을 보지 않았다. 슬픔의 무게 때문에 우울증으로 끌려들어 갈까 두려워 "최대한 딴생각을 많이 하고" 고통스러운 감정을 애써 막았다.

 매들린과 슬픔을 부인하자, 세상으로부터 단절된 듯 소외감이 들고, 감각이 마비되고, 마음이 망가지는 것만 같았다. 켈리는 "내가 만든 벽에 갇힌 죄수"가 된 느낌이라고 말했다. "겉으로 보기엔 아무렇지 않지만 속은 무기력하게 텅 빈, 이 새로운 내가 싫었어요. 그저 암담했어요."

 켈리는 "다시 시작"하고 싶어 나를 찾아왔다. 우리의 작업은 켈리가 매들린과의 관계를 이어나가는 방법을 찾는 데 집중되었다. 자신의 슬픔과 마주하면서 켈리는 어떻게든 피하려 했던 강렬한 감정들을 겪기 시작했다. 매들린의 사진도 다시 보았다. 나와의 관계를 신뢰하고, 우리의 관계 속에 매들린의 자리가 있음을 믿기 시작했다.

 켈리는 이 과정을 "길고도 험난한 시간"으로 표현하면서 그동안 속이 울렁거리고 불안할 때가 많았다고 토로했다. 그리고 "영영 끝나지 않을 것 같은 깊고 강렬한 고통"을 느꼈다고 했다. 그런 괴로움을 피하려 드는 것이 인간의 본성이지만, 켈리는 용감하게 작업을 이어나갔다.

그리고 이런 소감을 남겼다.

내 감정에 좀처럼 닿지 못하는 내가 무능하게 느껴졌습니다. 일도 가정도 제대로 못 챙기고, 애도도 제대로 못하는 나 자신이 부족한 인간으로 느껴졌어요. 내가 나약해서 이렇게 불행하구나, 무지해서 이렇게 힘들구나 싶었죠. 또다시 불행한 길로 빠지는 건 아닌가 불안해하면서 어떤 감정이 찾아들든 내게 필요한 시간만큼 느껴보았습니다. 유난히 긴 시간이 걸렸고, 오히려 고통스러운 뒷걸음질만 치는 기분이었어요. 실은 내게 꼭 필요한 과정이었는데 말이에요. 드디어 슬픔은 덜 험난하고 좀 더 자연스러운 감정이 되었습니다. 나는 슬픔을 어떻게 느껴야 하는지 신경 쓰지 않고, 그저 매들린을 향한 사랑에만 집중했어요. 그러자 딸에 대한 진실한 감정과 다시 이어질 수 있었어요. 돌이켜보면, 고통을 그토록 깊이, 그토록 오래, 온전히 겪어내지 않았다면, 다시는 진정한 기쁨과 사랑을 느낄 수 없었을 겁니다.

매들린의 죽음을 애도하는 작업은 켈리에게 고통스러우리만치 더디고, 대개는 벅찬 과정이었다. 켈리는 마침내 슬픔에 자신을 내맡기며 매들린에게 공간을 내어줄 수 있게 되었다.

켈리에게는 고귀한 의미가 깃든 일이었다.
어느 날 켈리로부터 다음과 같은 이메일을 받았다.

조 박사님께,
박사님이 아름다움과 고통은 공존한다고 말씀하셨죠? 말을 잃은 후로는 도무지 이해하기 힘든 개념이었어요. 이론적으로는 이해가 가요. 맞는 말이죠. 그 말을 믿으려고 무진 애썼어요. 하지만 체감이 안 되더군요. 그날, 아름다운 모든 것이 멈춰버렸으니까요. 음악도, 예술도, 문학도, 자연도, 사람도, 철학도. 중요한 이 모든 것이 완전히 변해버려서 내가 보고 싶은 좁은 현실 말고는 그 어느 것도 다시는 경험하지 못할 것 같았어요. 아주 최근에야 아름다움이 여전히 존재한다는 걸 정말로, 어쩌면 더 강렬하게 느끼기 시작했답니다. 먼저 고통을, 오로지 고통만을 필요한 만큼 오래 온전히 경험하고 나서야 아름다움을 볼 수 있다는 걸 예전엔 몰랐던 거예요. 박사님이 처음부터 말씀하셨던 게 바로 이런 거겠죠. 하지만 나는 실존주의자라 몸소 겪어야 했어요.
박사님은 딸이 죽은 후 내게 어떤 감정을 느끼라고 혹은 느끼지 말라고 설득하려 들지 않은 유일한 분입니다. 나를 재촉하지도 않으셨죠. 그리고 허튼소리도 안 하셨어요. 이 점이 평생토록 고마울 거예요.

켈리는 슬픔을 솔직하게 마주하면 마음을 위로받는 신비한 일이 벌어진다는 사실을 차츰 깨달았다. 현재 켈리는

MISS 재단의 전무로서 아이를 잃은 다른 부모를 도우며, 슬픔과 함께 행동하기와 연민 베풀기를 실천하고 있다.

50

바로 여기, 바로 지금

여정이 험난할수록 영혼의 정화는 더욱 깊어진다.
—하인리히 하러(작가)

어느 날, 오래된 서랍을 치우다가 색 바랜 노란 포스트잇 메모지를 발견했다. 막내아들이 일곱 살 때 내게 써준 편지였다.

엄마에게
나보다 엄마를 더 사랑해요.
엄마가 세상에서 제일 최고예요.
제일 최고!!!

막내아들 조시는 꾸깃꾸깃한 우리 사진을 이 편지로 싸서 조그만 정사각형으로 접어두었었다. 나는 다정한 편지만 따로 챙겨 아이들의 소중한 어린 시절 추억이 담긴 큼직한 보관함에 넣었다. 내가 다른 엄마들보다 이런 기념품을 더 많이 모아두고 있는지도 모르겠다. 나는 추억들을 게걸스레 저장한다. 뼈아픈 경험을 통해 배운 진실이 몇 가지 있기 때문이다.

우리 인생은 덧없고, 때로 아이들이 죽기도 한다. 그리고 인생은 우리에게 아무것도 약속해주지 않는다. 슬픔에 잠겨 있을 때 용서하기란, 특히 나 자신을 용서하기란 쉽지 않다. 술도 약도 종교도 책도 나를 고통에서 구해주지 못한다. 우리가 사랑하는 사람들은 모두 언젠가는 죽는다. 예외는 없다. 인생을 통제할 수 있다는 생각은 착각이다.

사랑하는 이와 함께하는 시간은 하루로도, 1년으로도, 10년으로도, 20년으로도, 50년으로도 모자란다. 우리가 무슨 거래를 한대도, 무엇을 판대도, 무엇을 준대도 사랑하는 이를 되살릴 순 없다. 설령 우리 자신을 바친대도. 그리고 삶은 계속되지만 결코 예전과 같지 않다는 비밀을 나는 알고 있다.

고통에 민감한 내 상태를 의식하면, 끊임없이 윙윙거리는 두려움, 만족을 모르고 웅성웅성하는 공포가 느껴지고, 그러면 나는 속으로 되새긴다. 또 잃을까 봐 두려운 건 정상이라고, 더 이상의 트라우마와 슬픔은 없을 거라는 약속을 바라는 건 정상이라고. 그리고 그런 약속이 불가능하다는 걸 나는 알고 있다.

우리는 고통과 상실을 통해 서로 연결되며, 사랑을 회피하지 않는 이상 슬픔도 피할 수 없다. 당신의 눈물은 당신만의 눈물이 아니고, 내 눈물은 나만의 눈물이 아니다. 우리가 흘리는 눈물이 집 근처의 시내로 스며들어 수 킬로미터 떨어진 강으로, 슬픔의 대양으로 흘러든다고 상상해보자. 다른 시내들과 다른 강들도, 사랑하는 이를 잃고 깊은 슬픔에 빠진 수많은 다른 어머니와 아버지, 형제자매, 조부모, 연인, 배우자, 친구, 이모나 고모, 삼촌, 이웃, 타인 들의 슬픔을 같은 대양으로 싣고 올 것이다.

인간은 혼자라는 신화는 상처받지 않으려 우리가 만들어낸 환상이다. 우리의 연결을 방해하는 신기루다. 슬픔의 거대한 대양에서는—역사와 지리, 문화를 뛰어넘어—여럿이 하나로 합쳐지고, 앎이 미지로, 지혜가 경이로, 의문이 위대한 신비로 섞여 들어간다.

여러분이 흘리는 눈물 한 방울 한 방울, 그리고 시공을 초월하여 무수한 이들이 흘리는 헤아릴 수 없는 눈물방울이 한데 흘러들어 사랑과 슬픔의 이야기라는 광막한 바다를 이룬다.

세상으로부터 단절된 느낌 때문에, 그리고 자신과 타인을 연민할 줄 몰라서 불필요한 고통을 겪는 사람들이 얼마나 많은가. 슬픔을 드러내지 않고 부정하고 회피하고 억누를 때, 상실의 역사를 가두고 숨길 때, 어떤 심각한 결과가 초래되는지 우리 모두 목격하지 않았는가.

사랑하는 이를 잃은 고통은 여느 고통과 다르며, 이 고통은 마땅히 우리의 것이다. 슬픔과 함께하는 건 끔찍이도 고통스러운 일이지만, 슬픔을 있는 그대로 느끼면 신비롭게도 삶의 의미가 깊어진다. 이것이 슬픔의 선물이자 저주이다.

우리의 삶도, 우리가 사랑하는 이들의 삶도 유한하다는 사실을 마음 깊이 받아들일 때, 만물에 대한 감사함이 더욱 깊어진다. 우리는 삶의 활기와 다채로움에 닿고, 깨어나기 시작한다. 우리가 사랑하는 누군가는 언젠든 죽을 수 있다. 우리도 언젠가 죽는다. 우리는 순간순간이 비밀스러운 보물 상자임을 깨닫는다. 우리가 쉬는 숨 하나하나가 신에게 바치는 공물이다.

그리고 흐르는 시간 일 초 일 초는 무엇으로도 대체할 수 없다. 삶이 우리에게 약속하는 덧없지만 유일한 한 가지는 바로 이 순간이다. 바로 여기, 바로 지금. 우리는 평생토록 이것만을 가질 수 있다. 마음의 짐이 가벼워지는 동시에 무서운 일이다.

추천의 말

고통을 겪어낸 사람이
다다르는 지혜

　세상이 위태위태하니 상실과 애도의 순간이 점점 더 빠른 속도로 찾아오는 것 같다. 집요하게 행복을 추구하는(책임자를 알 수 없는 고통을 회피하려는 무의식적인 시도이리라) 우리 사회에서 사별의 슬픔은 적극적으로 피해야 할 금기이자 질병이다. 애도자들은 "이왕이면 좋은 쪽으로 생각해" "자꾸 나쁜 생각만 하지 마" "그래도 고마운 일이 얼마나 많아" 따위의 조언을 듣는다.
　대개 그렇지만 이런 부질없고 상투적인 위로는 먹히지 않으므로 고통 속에 있는 사람들은 차라리 약물을 통해 감각을 마비시킨다. 애도자들은 슬픔이라는 감정을 자책하고 수치스러워하며 고통을 다스릴 어떤 수단도 얻지 못한다. 트라우마를 견딜 수 있으려면 (정신분석학자 로버트 스톨로로가 《트라우마와 인간 존재(Trauma and Human Existence)》에서 유용하게 일깨워주듯) 감정의 안식처를 마련해야 한다. 슬픔을 묵살하고 억압하고 억지로 잠재우면 개인과 가족, 더 나아가 공동체도 피해를 입는다. 조앤 카차토레 박사가 이 경이로운 책에서 적절히 지적하듯, 이는 "중독, 약물 남용, 그리고 주로 사회적 약자(어린이, 여성, 노인, 동물)를 대상으로 한 폭력"으로 이어질 수 있다.

애리조나주립대학교 부교수이자 외상적(traumatic) 상실과 슬픔의 전문가이며 선승(禪僧)인 카차토레 박사는 딸아이의 죽음을 몸소 겪은 후 저술한 이 책에서 보다 건강한 방향을 알려준다. 그는 20여 년간의 임상 경험, 연구 결과, 불교·기독교·유대교 성인들과 아메리칸 인디언 현자들의 지혜, 서양 심리학 등을 통해 사별의 슬픔이 감정에 미치는 영향을 밝히고, 심리와 영성과 인간관계의 측면에서 치유와 변화를 이야기한다. 깊은 통찰과 감동이 있는 이 책은 부정적 감정을 거부하고 감정의 고통을 마비시켜 슬픔을 회피하는 데 급급한 우리 문화에 제동을 건다.

카차토레 박사는 죄책감과 수치심, 슬픔과 트라우마를 깨닫고 처리하지 못하면 치르게 되는 대가, 대물림되는 슬픔, 상실과 사랑의 관계, 슬픔과 함께하는 연습, 일상에서의 애도 의식 같은 통렬한 주제를 다룬다. 동시에 개인과 의료계와 정신 의학이 사별의 슬픔과 애도를 거부하고 억압하고 마비시키기 위해 사용하는 전략들을 명확히 밝히고, 치유의 길을 제시한다. 《견딜 수 없음을 견디기》는 연민이 결핍되고 행복에 중독되어 인간의 감정, 특히 상실의 슬픔을 질병 취급하는 우리 문화에 따끔한 일침을 가한다. 또한 애도를 비정상적인 것으로 규정하고 끔찍한 상실을 겪은 사람들의 감정을 방치하거나 무시하여—애도자들이 스스로를 의심하고 소외감을 느끼게 만들어—치유를 방해하면 어떤 대가를 치르게 되는지 자세히 설명한다.

이 책은 트라우마와 애도에 심리치료의 관점으로 접근하기를 제안한다. 인간이 경험하는 전 영역의 감정을 오롯이 존중하여 고통받는 이들에게 감정의 안식처를 마련해줄 수 있도록 말이다. 카차토레 박사는 상담과 삶의 경험을 통해 얻은 울림 있고 가슴 아픈 사연들을 소개하면서 치유에 필요한 것이 무엇인지 보여준다. 카차토레 박사는 혹독하리만치 솔직하고, 사람들을 감화시킬 만큼 용감하며, 귀감이 되는 공감 능력을 지녔다. 그렇기에 내담자들의 고통을 인내와 연민과 대담무쌍한 호기심으로 대할 줄 안다. 이 책을 읽으며 독자들은 알게 모르게 자신이 변화하는 경험을 하게 될 것이다.

《견딜 수 없음을 견디기》는 사람을 변화시키는 애도의 신비로운 힘이 연민과 만나면, 우리의 마음이 자라고 연민의 폭이 넓어지며 삶의 의미가 더욱 깊어진다는 사실을 보여준다. 트라우마를 겪은 사람들은 그렇지 않은 사람들과는 심리적으로 다른 세계에서 살아간다. 상실과 슬픔으로 마음이 찢겨나간 그들은 타성에 젖은 일상에서 깨어나 변화를 맞기도 한다. 카차토레 박사는 변화로 향하는 두 가지 길을 제시한다. 더욱 깊이 감사하고 맹렬하게 연민하는 것이다.

홀로코스트 생존자이자 작가인 엘리 위젤은 "밤의 왕국에서 벗어난 자야말로 감사할 줄 안다"고 말했다. 이 책에 나오는 외상적 슬픔을 겪은 사람들은 우리에게 더 고마워하라고, 타인을 도우라고 말한다. 슬픔을 오롯이 받아들여 '맹렬한 연민'이 솟아나면, 우리는 잠에서 깨어나 좀 더 성심성의껏 인생을 살아갈 수 있다. 고통 속에 있는 타인에게 손을 내미는 일을 진지한 의무로 여길 수 있게 된다. 카차토레 박사는 바로 이것이 세상을 치유하는 힘이라고 믿는다.

《견딜 수 없음을 견디기》는 고통을 겪어낸 사람만이 다다를 수 있는 지혜와 맹렬한 연민을 보여준다. 카차토레 박사는 우리에게 슬픔과 함께하고, 슬픔과 함께 행동하라고 말한다. 또한 슬픔을 회피하는 문화를 비판하고 공감과 연민을 호소하는 데에서 한 걸음 더 나아가, 열린 마음과 배려와 용기와 봉사가 어우러진 삶을 권유한다. 이 책은 여러분의 정신을 넓히고, 마음을 따뜻이 데우고, 영혼을 풍요롭게 할 것이다.

상실을 겪은 사람, 정신 건강 전문가, 인문학 학생과 교육자뿐만 아니라, 충만하게 생동하는 삶을 열망하는 이들에게 온 마음으로 추천한다. 카차토레 박사의 이 경이로운 책을 읽고 나면, 자신의 슬픔과 타인의 비애를 좀더 깊이 헤아리고 한층 지혜롭게 살아가고 사랑할 수 있을 것이다.

제프리 B. 루빈(심리치료사)

찾아보기

ㄱ

감정 10, 13, 27, 37, 39~41,
  43~45, 52, 57~58, 65~67,
  70~71, 74~77, 84~85, 89~91,
  100~102, 106~111, 120, 124,
  126~131, 134, 140~141,
  155~156, 161, 167, 178~182,
  201~202, 228~229, 239,
  243~245
감정 일기 66~67, 110, 130, 229
감정적 빈곤화 159
거부 41, 70, 75, 123, 166, 253
걷기 109, 119~121, 202
경직 반응 57
공감 71, 74, 130~131, 165, 177,
  184, 186~188, 206, 216, 241
공동체 31~32, 56, 70, 82,
  200~202, 233, 254
공포 69~71, 80, 87, 224, 234, 248
공포 관리 이론 40, 70
기억하기 9~10, 18, 37, 45, 118,
  127, 131, 139, 153, 159, 160,
  163, 177, 188~193, 195,
  198~199, 204~205

ㄴ

내담자 14, 41, 75, 80, 254
내적 변화 13

ㄷ

대립물의 통합 74

대물림되는 슬픔 231~235, 253
대물림되는 트라우마 233
대중 매체 30, 132
데 우나무노, 미겔(de Unamuno,
  Miguel) 43
도박 41, 57
두려움 13, 30, 40~41, 44~45,
  69~70, 80, 102~103, 115, 141,
  150, 171, 176, 221, 237, 248

ㄹ

리트리트 126, 152, 155, 196

ㅁ

마비 13, 39, 66, 129, 224, 243
명상 14, 66, 82, 109, 116, 129,
  133, 150, 202
문신 204~205

ㅂ

배우자의 죽음 12, 39~40, 80, 187
베커, 어니스트(Becker, Ernest) 70
부모의 죽음 11, 39, 71, 187, 241
분노 25~26, 35~36, 66~67, 79,
  155, 161, 179, 214, 221
불면증 66, 127
불신 25, 35~36
불안 30, 40, 42, 44, 56, 70, 84, 94,
  102, 107, 114, 124, 187, 244
불확실성 89
비극 10, 14, 25~27, 31, 184, 242

비극적 특권 201, 218
비이원적 인식 75

ㅅ
사고 29~30, 57, 88, 122, 144, 179
사별 38~45, 73, 77, 123, 184,
  192, 202
사별의 슬픔 64, 69~70, 80, 169,
  173, 188
사회적 약자 235, 253
살인 56, 132
상담 60, 65~67, 73, 83, 89,
  101~102, 127, 140, 155, 160,
  162, 169, 197
상담사 15, 34, 60, 81
상실 9~17, 27, 34, 39~42, 66,
  75~76, 81, 92, 96, 106, 140,
  161~162, 175~176, 179, 191,
  201, 208, 228, 238, 248~249
상실감 12, 29, 39~40, 73~74, 227
상실의 슬픔 11~13, 17~18, 28,
  34, 96~97, 105, 122, 152, 165,
  167, 172, 236, 253
상징 30, 41, 103, 110, 118,
  204~205
셀라 65
소속감 44, 87, 99, 187
솔로몬, 셸던(Solomon, Sheldon)
  69~70
수용 13, 107
수축 86~91
수치심 40, 68, 76, 146, 161~162,
  170, 178~183, 227, 229, 253
순응 68, 89, 148~153, 155~156,
  159, 178~179, 185, 195, 212,
  225

스톨로로, 로버트(Stolorow, Robert)
  166, 252
스트레스 42, 81, 110, 119, 136
스트레칭 132, 149~150, 158, 177
슬픔 11~14, 16, 24~25, 28, 30,
  32~37, 42~48, 50, 52, 56,
  59~62, 64~85, 87, 89, 93, 96,
  99~110, 114, 116, 119~124,
  126~129, 138, 141~142,
  145, 147~153, 155, 157~159,
  161~162, 164, 166~167,
  173~179, 181, 185~188, 191,
  193~195, 198~199, 203,
  206~207, 212, 214~216, 218,
  222, 225~229, 231, 233~236,
  238~239, 241, 243~245,
  248~249
슬픔 대처 능력 83~85
슬픔 회피 127
슬픔과의 전쟁 166
슬픔의 강도 83~85
시간 감각 변화 57
신뢰 87, 89, 108, 142, 161, 224,
  229, 243
심리 교육 71, 169
심리치료 56, 254
심리치료사 35, 59~60, 76, 80,
  166, 173

ㅇ
아이의 죽음 13, 56, 150, 154, 179,
  181, 252
악몽 66~67
알코올 57, 127, 136, 169
알코올 남용 228, 234
알코올 중독 168~169, 227~228

찾아보기 257

애도 12~18, 25, 27, 29, 31~35,
　38~44, 46, 48, 50~51, 58,
　65, 71, 81, 85~86, 91, 107,
　122~124, 131, 143, 149~150,
　155, 157, 160, 164~167, 178,
　183, 195, 197, 201~202, 207,
　244
애도 교육 37
애도 문화 51
애도 반응 41, 58, 107
애도 의식 34, 116, 121, 188, 195,
　200, 203~205
애도 작업 23, 74~75, 114, 116,
　121, 125~126, 132, 135, 138,
　141, 154~155, 170, 181~182,
　204, 223, 228~229
애도자 23, 27, 31, 41~44, 57~58,
　69, 71, 76, 136~137, 165~166,
　173, 187
약물 57, 141, 169, 252
약물 남용 41, 82, 168, 235, 253
약물 치료 60
얄롬, 어빈(Yalom, Irvin) 76, 178
억제 58, 107
역사적 트라우마 233~234
연민 14, 25, 30, 36, 43, 56, 61,
　93, 98, 123, 176~177, 184,
　187~188, 206~207, 212,
　215~219, 221, 225, 235, 238,
　246
예술 창작 33, 37
옐로 호스 브레이브 하트, 마리아
　(Yellow Horse Brave Heart, Maria)
　234
외로움 35~36, 40, 43, 45, 98,
　107, 127, 135, 175

외상적 스트레스 234
외상적 슬픔 45, 56~57, 76, 81,
　93, 123, 168~169, 171, 180,
　185, 200, 228, 234, 242
외상적 죽음 34, 56
외상 후 스트레스 장애 81
용기 13, 30, 32, 45, 107,
　151~152, 154, 159~160, 163,
　177, 189, 208
용서 68, 162, 181~183, 248
우울 181, 203, 234
우울 장애 81
우울증 58, 94, 243
운동 41, 57, 126, 128~129, 134,
　140~141
유대감 34, 40, 43, 87, 201
유아 돌연사 증후군 191
의식적 분노 66
의인화 훈련 101
이원적 인식 75

ㅈ
자기 돌봄 42, 122, 124~126, 128,
　131~132, 134, 136, 140~141,
　213
자기 연민 73, 106, 108, 235
자기 인식 106, 134, 142, 207
자살 37, 56, 65, 68, 94, 186~187,
　213
자식을 잃은 부모 14, 23, 40, 60,
　68, 98, 133, 144, 173, 187, 196
자연 73, 109, 120, 129, 133~134,
　142, 194, 203
자원봉사 51, 68, 93, 137, 176, 222
자책 68
자해 41, 155~156, 168

잠(수면) 24, 42, 67, 125~129,
 134, 136, 150, 194
장례식 9, 31, 201
재애도 123~124, 146, 153, 162
절망 40, 48, 74, 87, 98, 101, 107,
 181, 184, 221, 242
정신병 165
정체성 45, 102, 153, 159
종교 33~34, 80, 165, 200, 216,
 248
죄책감 15, 35~36, 40, 67~68,
 125, 138, 161~162, 171,
 178~183, 227
죽음 9~13, 15~16, 24~28,
 30~31, 34, 38~40, 42~45,
 56, 66~71, 75, 95, 97, 101,
 112~113, 130, 150~151, 154,
 160~161, 170~171, 176,
 179~181, 197~198, 201, 212,
 215, 226, 228~230, 232, 238,
 244
죽음 부정 70, 75
죽음 현저성 40, 42, 70
증상 40, 42, 57, 94, 160, 162, 234
지지 모임 65, 114, 137, 155, 178,
 186~187
직관 143
집단 최면 24

ㅊ
차, 아잔(Chah, Ajahn) 14, 82
체중 42, 59, 66~68, 130, 237
침묵 56, 147, 173, 176, 204~205,
 234

ㅋ
콘필드, 잭(Kornfield, Jack) 82
쾌감 상실 40
쾌락 44, 75
쾌락주의 106
퀴블러 로스, 엘리자베스(Kübler-
 Ross, Elisabeth) 196~197
키르케고르, 쇠렌(Kierkegaard,
 Søren) 189~190

ㅌ
트라우마 34, 46, 56, 79, 81, 122,
 169, 184, 226~228, 234, 242,
 248

ㅍ
편지 쓰기 27, 36~37, 48~49, 68,
 132~133, 139, 152, 162, 174,
 182~183, 185, 230, 247
폭력 51, 56, 234, 253
프랭클, 빅터(Frankl, Viktor) 73,
 154

ㅎ
항상성 57
확장 86~91
환각 41
회복 74, 149~150, 237
회피 17, 35~36, 45, 56~58,
 69~71, 76, 81~82, 127,
 140~141, 149~151, 171, 176,
 228, 248~249

그 외
MISS 재단 93, 214, 246

견딜 수 없음을 견디기
사랑 상실 애도의 감정을 가누기 위한 심리 수업

초판 1쇄 발행 2025년 2월 7일

지은이 조앤 카차토레
옮긴이 이영아
편집 나희영
디자인 원과사각형

펴낸곳 에트르
등록 2021년 11월 10일 제2021-000131호
이메일 etrebooks@gmail.com
인스타그램 @etrebooks

ISBN 979-11-978261-6-0 03180

이 책 내용의 일부 또는 전부를 재사용하려면
저작권자와 에트르 양측의 동의를 받아야 합니다.
잘못된 책은 구입하신 서점에서 바꿔드립니다.